POÉSIES BÉARNAISES.

POÉSIES
BÉARNAISES,

AVEC

LA TRADUCTION FRANÇAISE.

DEUXIÈME VOLUME.

PAU,
IMPRIMERIE ET LITHOGRAPHIE É. VIGNANCOUR, ÉDITEUR.

1860.

AVANT-PROPOS.

J'ai entrepris il y a quelques années la publication d'un Recueil de Poésies Béarnaises, afin de sauver de l'oubli les productions les plus intéressantes de notre littérature nationale. Le premier volume de cette collection porte une date déjà ancienne; il a reçu un accueil favorable de tous ceux qui se plaisent à conserver quelques traits de la physionomie originale d'un pays, autrefois fier de son indépendance, et maintenant absorbé dans la grande unité française. L'achèvement du second a été retardé par les nécessités d'un travail quotidien et par la rareté des loisirs qu'il m'était permis d'y consacrer. Je l'offre aujourd'hui au public avec l'espoir que le choix des pièces qui le composent pourra fixer son attention.

Les œuvres les plus estimées des auteurs qui, imitateurs de Despourrins et presque ses contemporains, ont cultivé la poésie Béarnaise dans la seconde moitié du 18me siècle, y figurent à côté de productions plus modernes mais non moins appréciables. Les premières sont signées de noms chers au Béarn; Th. Bordeu, le médecin *redouté de la mort*, qui se délassait des combats qu'il livrait à ce rude adversaire, en donnant dans la langue maternelle un souvenir à sa vallée natale; Bitaubé, que les beautés d'Homère n'avaient pas rendu insensible à celles de l'idiome de Gaston-Phœbus; Gassion, le grave président, qui partageait sa vie, comme on l'eût dit de son temps, entre le culte de Thémis et celui des Muses. Pour compléter cette collection des Poésies Béarnaises de l'époque intermédiaire, j'ai cru devoir y faire figurer la *Pastorale du Paysan*, de Fondeville, quoiqu'elle ait été déjà publiée deux fois; quant au *Rêve de l'abbé Puyòo*, que quelques personnes regretteront peut-être de ne pas y voir, on m'excusera, j'en suis assuré, de n'en avoir reproduit que les trente premiers vers, qui, au mérite d'une élégante et gracieuse facture, joignent celui d'être complètement inoffensifs. Le reste de ce morceau, satire mordante contre la noblesse de Béarn, est beaucoup moins remarquable au point de vue littéraire, mais on comprend facilement le succès de malignité qui s'y était attaché. Aujourd'hui, la plupart des familles que l'abbé Puyòo taxait d'usurpation de nom sont éteintes; quelques unes survivent cependant, et bien que les distinctions sociales que le caustique auteur les accusait de s'être indûment appropriées aient singulièrement perdu de leur importance, on comprendra que je n'aie pas voulu me faire l'écho de ces attaques, qu'elles fussent fondées ou non.

Les poëtes de notre époque se sont montrés dignes de leurs aînés. Leurs œuvres se distinguent par cette finesse de pensée, par cet heureux choix d'expressions, par cette connaissance approfondie du génie de la langue qui brillent dans les pièces de Bitaubé, de Cazalet, de Gassion, de Casaux. La *Vierge de Bétharram*, pièce couronnée par l'académie de Béziers et qui a obtenu les honneurs d'une traduction en vers français; l'épître à *Paul Riquet*, du même auteur, méritent en premier lieu une mention spéciale. *Las abentures de Bertoumiü* renferment dans un cadre original un grand nombre de tours et de locutions empreints du cachet le plus original. *La casse deü rey Artus* fait regretter que la plume à laquelle est échappée cette boutade si Béarnaise n'ait pas exploité un genre qui lui promettait plus d'un succès. Les vers de F. de Laborde ne passeront pas certainement inaperçus, mais nous appelons surtout une attention particulière sur quelques morceaux, originairement publiés sous le pseudonyme de *Sophie*, et qu'a signés un de nos linguistes Béarnais les plus distingués.

On me permettra enfin de mentionner une pièce composée il y a déjà bien des années, à l'époque où je m'occupais de recherches sur la langue Béarnaise, l'*Enfance d'Henri IV*. Ce n'est qu'un fragment d'un poëme dont le plan primitif comportait plus de développement, et où je me proposais de chanter, dans sa langue maternelle, le Prince à qui est resté le nom de Béarnais.

Je ne crois pas avoir besoin de me justifier d'avoir reproduit dans ce volume les strophes pleines de mouvement où Jasmin célèbre l'inauguration de la colonne de Despourrins, bien que sa langue diffère profondément de la nôtre. Il était aussi bien naturel de faire figurer dans ce volume la pièce si Béarnaise de celui qui eût le premier l'idée d'élever un monument, dans le lieu de sa naissance, à nôtre Poète national. La plupart des chansons du même auteur, empreintes de tant de verve et d'originalité, ont été déjà publiées à diverses époques et seront sans doute l'objet d'une édition spéciale.

J'ai réuni à la fin du volume un choix de Proverbes Béarnais, cités comme un spécimen de la richesse et de l'originalité de notre langue. Je n'ai pas la prétention de les avoir tous reproduits; mais j'ai l'espoir qu'une main plus exercée que la mienne leur accordera un jour les honneurs d'une édition séparée et complète. Quelques feuillets blancs ajoutés à la suite permettront aux personnes qui s'occupent de semblables recherches, de continuer cette collection.

Qu'il me soit permis, en terminant, de consigner ici mes remercîments à M. Hatoulet, un de nos Béarnais les plus érudits, pour le concours si obligeant qu'il a bien voulu me prêter. L'habile traducteur des *Fors* n'a pas dédaigné de revoir la traduction de poésies légères. Son jugement éclairé est le plus sûr garant de la fidélité d'une version uniquement destinée à rendre la lecture du texte intelligible, mais non à y suppléer.

E. Vignancour.

POÉSIES BÉARNAISES.

LA CAPÈRE DE BETHARRAM,

PÈCE COUROUNADE

Per la Souciétat archéologique dé Beziers,

LOU 12 DE MAY 1839.

> *Nouste-Dame deü cap deü Poun*
> *Adyudat-me a d'aquest'hore.*
>
> CANTIQUE entounnat per Yanne d'Albret,
> en accouchant d'Henric IV.

I.

Quoan lou Gabe, en braman, dits adiü à las pennes,
Y s'abance, à pinnets, à trubès boys et prats,
Qué diséren qué craing dé rencountra cadénes
  Süs bords dé mille flous oundrats.

Aü bou temps deüs Gastous, ue béroye capère
Counsacrade peü poplé à la may deü boun Diü,
La qui touts ans dé loueing lous *Beürraimès* (1) appère,
Qu'ère déyà ségude aü bord deü grand arriü.

---

(1) Nom que l'on donne à ceux qui vont en pélérinage à Betharram.

LA CHAPELLE DE BÉTHARRAM,

LÉGENDE BÉARNAISE,

Traduite en vers Français par M. Gabriel AZAIS,

MEMBRE DE LA SOCIÉTÉ ARCHÉOLOGIQUE DE BEZIERS.

Notre-Dame du bout du Pont,
Venez à mon aide à cette heure.

Cantique entonné par Jeanne d'Albret,
en accouchant d'Henri IV.

I.

Quand le Gave quittant les rochers pour les plaines,
S'élance, en bondissant, dans les bois, dans les prés,
On dirait qu'il a peur de rencontrer des chaînes
Dans les touffes de fleurs dont ses bords sont parés.

Au bon temps des Gaston, une chapelle sainte,
Qu'à la mère de Dieu, bâtirent nos aïeux,
Ouvrait déjà, non loin du Gave, son enceinte
Aux nombreux pélerins accourus en ces lieux.

Més n'ère pas labets coum adare noumade,
N'ère pas *Betharram* : queb' bouy dounc racounta,
Lous més amics, quin hou la capère estréade
Deü noum qui tien despuch-ença.

II.

Drin aü dessus dé la Capère,
Ue hilhotte deüs enbirous
Houléyabe, bibe y leüyère,
Y qu'empléabe sa tistère
Dé las mey fresques de la flous.

Moun-Diü ! la béroye flourette
Quis'mirailhe hens lou cristaü,
Hens lous cristaü d'aquère ayguette,
Y tà bribente, y tà clarette
Qui ba bagna lous pès de Paü.

Per la coueilhe ére s'esdébure ;
Lou pè qué l'eslengue y qué cat....
Gouyats, la terrible abenture !
Lou Gabe à l'arraüyouse allure
Qué la s'emboulégue aü capbat.

La praübotte eslhéba soun ame
A la qui sab noustes doulous ;
Dé-tire cadou bère arrame
D'aüprès deü loc oùn Nouste-Dame
Adyude lous sous serbidous.

Il n'avait point alors ce modeste ermitage
Le nom de *Betharram* inscrit sur son fronton.
Fils du Béarn, je vais dans votre vieux langage
    Vous conter d'où lui vient ce nom.

II.

Près du toit où la Vierge veille,
Une fille des lieux voisins,
Vive, leste comme une abeille,
Allait, remplissant sa corbeille
Des fleurs que moissonnaient ses mains.

Oh ciel ! quelle fleur séduisante
Là, se mire au cristal de l'eau,
De cette eau pure et transparente
Qui, suivant sa rapide pente,
Baigne en passant les pieds de Pau !

Pour la cueillir, elle se presse....
Son pied glisse.... Jeunes garçons,
Ombragez vos fronts de tristesse !...
Le Gave qui bondit sans cesse
L'emporte dans ses tourbillons....

La pauvrette élève son âme
Vers celle qu'émeut le malheur....
D'auprès des murs où Notre-Dame
Vient en aide à qui la réclame
Soudain tombe un rameau sauveur.

Y, chens s'abusa, la maynade
Séseich, eu l'entreignen plà hort,
La branque peü Ceü embiade :
Per aquet mouyen ey saübade
Y douçamen miade aü bord.

Taüs las nôres du patriarche
Bes' crédèn pergudes, pari,
Quoan, pourtan l'arramette à l'arche,
La Couloume per sa desmarche
Deü délutye annouuça la fi.

D'ue fayçou tà merbeilhouse
Puch qu'es arringade aü trépas,
Migue, hens la Capère oumbrouse
Dé ta patroune bienhurouse
Bèt' rémetté dé toun esglas.

Diü dé you ! quin es marfandide !
Quin trembles dé reth y dé poü !
Dé ta raübe blangue gouhide,
Y dé touns peüs, l'ounde limpide,
En goutéyan, muilhe lou soü.

« Chens boste ayde, qu'èri pergude, —
Ça dits-ère, — Reyne deü Ceü !
» Arrés n'a bist quoan souy cadude ;
» Més bous, qui m'abet enténude,
» M'abet adyudade aütà-leü.

La jeune fille qui se noie
Saisit, en l'étreignant, bien fort,
Ce rameau que le Ciel envoie,
Qui sous son étreinte se ploie,
Et la soutient jusques au bord.

Tel dans l'arche que l'eau balance
Noé croit son trépas certain,
Quand le rameau de l'espérance
Au bec de l'oiseau qui s'avance
Du déluge annonce la fin.

Puisqu'une aide surnaturelle
Te sauve du flot courroucé,
Petite amie, à la chapelle
De la Vierge à ta voix fidèle
Va réchauffer ton cœur glacé.

Oh ciel ! que te voilà tremblante !
Tes dents craquent sous le frisson !
De ta robe blanche collante
L'eau goutte à goutte ruisselante
A tes pieds mouille le gazon.

« Sans votre aide j'étais perdue,
» Dit-elle alors, Reine du ciel ;
» Ma chûte, nul ne l'avait vue,
» Mais vous qui m'avez entendue
» Êtes venue à mon appel.

» Boune May, pertout quens' démoure
» La tendresse dé boste amou,
» Quoan roullabi capbat l'escourre,
» Qu'abet dat ourdi à la cassourre
» Qu'embiesse ue arrame entà you.

» Youb' offri dounc ma bère arrame;
» Qué lab' dépaüsi sus l'aüta;
» Y-mey qué hey bot en moun ame
» Qu'acì daban bous, Nouste-Dame,
» Gnaüt *beth arram* qué lusira.

» Sente-Bierye, noub' caü pas cragne
» Qué m'en desdigue lou mé pay :
» Souns moutous pèchen la mountagne;
» Souns blads croubéchen la campagne;
» Qu'eü héra counsenti ma may.

» Y you dab ue ardou nabère,
» En mémori dé tout aço,
» Tout més, en aqueste Capère
» Oùn boste sente amou m'apère,
» Bierye, queb' oufrirey moun cò ! »

III.

La Capère despuch estou fort renoumade.
Aû miey deüs *ex-voto* dé soun riche trésor,
Qué byn enter las mas d'ue imatye sacrade
  L'ouffrande d'u *beth arram d'or*.

» Votre amour, ô douce patrone,
» Pour nous toujours veille d'en haut :
» Quand l'eau m'entraîne et m'environne
» Au chêne votre voix ordonne
» De m'envoyer vîte un rameau.

» O vierge, je vous fais hommage
» De ce rameau qui séchera,
» Mais, sur mon âme, je m'engage
» A mettre aux pieds de votre image
» Un *rameau* qui toujours luira.

» Trouverai-je, ô Vierge divine,
» Mon père contraire à mon vœu !
» Ses agneaux paissent la colline,
» Dans les champs sa moisson s'incline,
» Ma mère obtiendra son aveu.

» Et moi, dans une ardeur nouvelle,
» En souvenir de ce bonheur,
» Tous les mois, à cette chapelle
» Où votre saint amour m'appelle,
» Je vous ferai don de mon cœur. »

III.

La Chapelle depuis fut de tous vénérée.
Parmi les *ex-voto* de son riche trésor,
On vit briller aux mains de l'image sacrée
    L'offrande du *beau rameau* d'or.

D'aquiü, lou noum deü loc. Souben, loueing deü hourbari,
Oun qué s'y ba goari dé toute passiou,
En rétrempan soun ame aü pensa salutari
  Deüs turmens qui per nous pati lou Saübadou.

Courret tà Betharram, hilhots dé la Nabarre,
Poplé dé la Gascougne y deüs bords dé l'Adou :
La Bierye à Betharram nou hou yamey abare
  Deüs trésors deü dibin amou.

Vincent BATAILLE.

De là le nom du lieu.... Loin du bruit de la ville,
Là de ses passions se guérit plus d'un cœur ;
Et l'âme s'y retrempe à la pensée utile
Des tourmens que pour nous endura le Sauveur.

Courez à Betharram, enfans de la Navarre,
Peuples de la Gascogne et des bords de l'Adour ;
A Bétharram jamais la Vierge n'est avare
    Des trésors du divin amour.

G. AZAIS.

L'INFANCE D'HENRIC IV.

Fragmen d'ú Pouème.

D'AUTES deü gran Henric qu'an racountat la glori.
U pouète famous (1) aü temple dé mémori
Entre lous mieillous reys qu'assoubacá soun noum.
Sa bertut, sa balou qu'an pertout gran renoum.
You qu'eü pé bouy mucha sourtin de la cousquille,
Entourat de Béarnés, aü miey dé sa famille.
Que direy dens mouns bers lou moumen oùn badou,
Et quin l'oub gabidem despuch lou catcerou.
Francès, d'aquet bou rey sib' soubié dab ibresse,
Si lou poplé à yamey la dat la soue tendresse,
Qu'at débet aü Béarn.... Escoutat-me bet drin,
U cassou nou bien gran, qu'en lou soueïgnan tout chin.

(1) *La Henriade* de Voltaire.

L'ENFANCE DE HENRI IV.

Traduction en vers français.

D'autres du grand Henri ont raconté la gloire.
Un poète fameux au temple de mémoire
Entre les meilleurs rois a placé son beau nom.
Sa vertu, sa valeur ont partout grand renom.
Moi, je vais le montrer sortant de la coquille (1),
Parmi ses Béarnais, au sein de sa famille.
Je dirai dans mes vers comment ce roi nouveau
Fut soigné par nos mains en quittant son berceau.
O France ! ce bon prince, objet de ton ivresse,
Ce prince à qui le peuple a gardé sa tendresse,
Tu le dois au Béarn.... Quand il est tout petit,
C'est à force de soins que le chêne grandit.

(1) On a conservé la carapace de tortue qui lui servit de berceau.

Muse de *Despourrins*, trop loung-tems escounude,
Nou pouich arré chens bous, bienet à la mie ayude.
Barreyat sus mouns bers la grace et la douçou :
Anem, nou lampoueynet ; qu'ey tà noust' *Henricou*.

Quoan pourtabe soun frut aquère reyne Yeanne
Qué l'histoire, à bou dret, a mentabut la Grane,
Qu'ère louein deü sou peys, aü miey deüs bataillous,
Coum taü fourma l'aüreille à l'arrut deüs clarous.
L'intérest de l'Estat aquiü que l'arrestabe,
Et dinqu'aü darré punt tabé qu'ey démourabe.
Més ta-leü qui senti lou gran moumen biengut,
Que s'assaübe tà Paü coum at proumetut (1).
Ataü de sas amous quoan boü ha la couade,
La couloumbe peüs camps si s'ey drin arbeyade,
Aüta-leü qué s'empresse à s'emboùla taü nid,
Oùn l'atten lou pariou qui gourgueye esbaüdit.
Yeanne hé taü médich. — Après ûe loungue absence,
Albret lou sou paybou qu'eü hé gran arcoueillence.
Que la mie aü castet oùn a tout préparat,
Et qu'eü te dits aquiü : « Que portes ù maynat
» Qui deü yeta gran' luts soü pays, sus sa famille ;
» Triple sceptre en sa màa, you bey d'acy qué brille.
» Més per quoan de perhocs abans nou passera !...
» Hem doun ù gabilat qui s'at pousque bira,
» Noum hés nat plouromique, et dens aqueste boueyte
» Lou plus riche cabaü lou tou paybou qu'et goueyte.

(1) Jeanne avait donné sa parole qu'elle viendrait faire ses couches à Pau

Muse de Despourrins, trop long-temps ignorée,
La mienne ne peut rien sans ton aide sacrée.
Prête-moi sa couleur et son style fleuri :
Allons, ne tarde pas ; c'est pour notre Henri.

Quand Jeanne le portait, (si l'on en croit l'histoire),
Jeanne, dont le pays a consacré la gloire,
Bravait, loin du Béarn, le feu des bataillons,
Comme pour le former au fracas des clairons.
Pour le bien de l'Etat, auguste Providence,
On la voyait partout signaler sa présence.
Mais, quand l'heure arriva de poser son fardeau,
Fidèle à sa promesse, elle revint à Pau.
Ainsi, quand du logis la colombe écartée,
Au temps de ses amours, veut faire sa couvée,
Malgré vents et tempête, elle part, et se rend
Dans l'asile joyeux où son époux l'attend.
Ravi de son retour, transporté d'allégresse,
Son grand-père d'Albret lui marque sa tendresse.
Il la mène au palais, et, d'un air triomphant :
« Ma fille, lui dit-il, tu portes un enfant,
» Qui, trois sceptres en main, des vertus dont il brille
» Un jour illustrera son pays, sa famille.
» Mais combien de périls vont d'abord l'entourer !
» Fais-moi donc un luron qui s'en puisse tirer.
» Point d'enfant pleurnicheur ; je n'en veux point. Regarde
» Le joyau qu'en ses mains ton grand-père te garde.

» Tà simple maynadot ûe hemme pot ploura »,
» Més, *biban!* tà d'Henric proumet-me dé canta. » (1)
Yeanne qu'at proumetou... Peü miey dé l'escurade
Quoan dé l'enfantemen estou l'hore arribade,
Qu'appère tout lou mound', puchentes quoan ey soun
Qu'entoune à haüte bouts : *Nouste Dame deü poun!*
Chens peine, ni doulou, countinuan soun cantique,
Lou nouste Henric badou dab aquère musique;
Et déyà qu'arridé...... N'ey dounc pas estounan
Sis mountra, dé tout temps, gaüyous, brabe et galan.
Lous gentiüs et barous qu'admiraben la hède,
Et si nat aben bis, n'at aüren poudut créde :
« Anesque, eü dits Albret, pusqu'as heyt û Liou,
» Aquo qu'ey en tà tu, més aço qu'ey tà you. »
Aüta-leü deü maynat tout gaüyous qué s'empare,
Qu'eü bayse, et dé sas mas soun répas qué prépare.
Dab bet ail, soüs poutous, qu'eü hé lou régalet,
Et de bou Yurançou qu'eü plée lou coupet.
Reyetou yénérous d'ue robuste race,
Henric qu'eü hourrupa chens ha nade grimace....
Aquet crêsme nabet grand bounhur qu'eü pourta,
Sus touts sous ennemics pertout qu'at empourta.

———

Bères hemnes, à Paü, qu'en trouberat gran' troupe,
Més anat-p'en aüs camps caüsi la may dé poupe.
Albret, lou saye Albret, aquiü qué s'adressa,
Et, dens û bilatyot, boune que l'attrassa.

(1) Albret s'écria : « Ma brebis a fait un lion »; et lui remettant la boîte qu'il lui avait promise, il s'empara d'Henri en disant: « Voilà qui est pour toi; mais voici qui est pour moi. » (PÉRÉFIXE.)

» Pour un simple marmot femme peut sangloter;
» Mais, *Bibant!* (1) pour Henri promets-moi de chanter! »
Ainsi dit, ainsi fait. Dès qu'arrive son terme,
Auprès d'elle, à minuit, d'une voix haute et ferme,
Elle appelle ses gens. Aussitôt qu'ils y sont,
Elle entonne gaîment : *Notre-Dame du Pont* (2).....
Sans cris et sans douleurs, au milieu du cantique,
Notre Henri nâquit au son de la musique.
Déjà même il riait.... Est-il donc étonnant
S'il se montra toujours joyeux, brave et galant.
La foule des barons, de l'enfant rapprochée,
Admirait à l'envi la nouvelle accouchée.
« Brebis, lui dit Albret, qui m'as fait un lion,
» Prends ce bijou promis; moi je garde ce don. »
Aussitôt de l'enfant, plein de joie, il s'empare,
Le baise mille fois, et, pour repas, prépare
Certaine gousse d'ail à son cher nourrisson,
Qu'il arrose en riant de vin de Jurançon.
Rejeton vigoureux d'une robuste race,
L'enfant avala tout sans faire la grimace.
Plus tard, des coups du sort toujours victorieux,
Ce même enfant sera digne de ses aïeux.

Pau fournit des beautés, disons-le, c'est justice;
Mais c'est aux champs qu'on trouve une bonne nourrice.
C'est aussi là qu'Albret, pour se la procurer,
Dans un petit hameau devait la rencontrer.

---

(1) *Bibant!* pour *Dieu vivant*, jurement béarnais.
(2) Cantique béarnais.

Près deü Parc, et pourtan prou louein de la carrère,
Yeannette *Lassensàa* qu'habitabe à Bilhère.
Hemne d'û laüradou, chens poumpe, chens esclat,
Tous dus, en tribaillan, biben dé lur estat.
Més eschenye d'humous, fresque, béroye et sane,
En tà recébe Henric n'abou qu'üe cabane,
Qu'eü bailla boune leyt; plà gouaillard qu'eü rendou,
Et Diü sab, aü praübin, si plus tard l'y balou.

Deüs ahas dé l'Estat Yeanne toute couentade,
Dé soun précious ménit counserban la pensade,
Hé basti, dens lou Parc, en û loc escartat,
Nou pas û bet palaïs, més û Castet-Beziat. (1)
Aquiü, touts lous matis, la princesse es troubabe,
Qu'ey pourtaben Henric; qué se l'amigaillabe,
Qu'eü yumpabe aü dindoü, (2) desempuch tà famous,
Et cade arrisoulet qu'eü balé cent poutous.
Qué boulé tout sabé, dé tout qué s'enquéribe,
Quoan lou hasen droumi, dab qué lou hasen bibe;
Et puch quoan l'abé plà bestit, birouleyat,
(Tendres mays, d'aquets soueins bous n'oub estounerat)!
Yeannette *Lassensàa*, dé soun neürit plà fière,
Dinques aü lendouma s'aplegabe à Bilhère.

U temsot qués passa.. qué l'aben desbesat,
Et déyà qué courré per capsus et capbat,
Quoan sa may é boulou retiraü-se près d'ère.

---

(1) Château-Chéri; les ruines de ce bâtiment s'apercevaient encore, il y a quelques années, à quelques pas de la route qui conduit à Billère.

(2) Ce glorieux berceau que les Béarnais montrent avec orgueil aux étrangers.

Près du Parc, sous le toit d'une simple chaumière,
Jeannette Lassensa demeurait à Billère.
Femme d'un laboureur, sans pompe, sans éclat,
Tous deux en travaillant vivaient de leur état.
D'une joyeuse humeur, fraîche, jolie et saine,
Elle reçut Henri dans son humble domaine,
Lui donna de bon lait, et le rendit gaillard....
Dieu sait si le pauvret s'en ressentit plus tard.

Quoique aux soins de l'Etat Jeanne veillât sans cesse,
Son enfant l'occupait. Cette bonne princesse
Fit bâtir dans le Parc pour le jeune Henri,
Non pas un beau palais, mais un *Château-Chéri*.
C'est là, tous les matins, qu'elle prenait sa place
Pour dorloter son fils dont elle aimait la grâce,
Et pour le balancer dans son joli berceau,
Echangeant un baiser contre un souris nouveau.
» Lassansa, dites-moi, je veux en être sûre,
» A quelle heure dort-il ? quelle est sa nourriture ? »
Puis elle l'habillait, le pressait dans ses bras :
(Tendres mères, ces soins ne vous surprendront pas);
Et d'un tel nourrisson Lassensa toute fière
Jusques au lendemain l'emportait à Billère.

Déjà l'enfant sevré, bien nourri, bien dispos,
S'élançait librement et par monts et par vaux,
Quand sa mère voulut le rappeler près d'elle.

Brabes yens Lassensàa, moun Diü, bé plouret hère !
Noup' chagrinet pourtan; à la boste maysou
Henric qué baillera probes dé soun amou (1).
Après mey dé cent ans la soue petite hille (2)
Qué bieyra bisita lou Brés de sa famille.
Aü noumbre dé sous béés, belleü qu'eü coumptera...
Aütan coum lou d'Henric boste noum qué biüra.

———

A très lègues de Paü, dé cap à las mountagnes,
Après abé séguit gayhasentes campagnes,
Sus û pic oùn lou Gabe en gourgouils ba mouri,
Lou castet dé Coarraze aüs oueils qu'es bien ouffri.
Aquiü troben air pur, boune aygue, bère biste :
Deban tout qu'ey gaüyous, darré tout soumbre et triste.
D'û coustat nou bédet qué blats, troupets, maysous,
Dé l'aüt, rocs empenens, précipicis affrous ;
Més sie qué guignet ou lous mouns ou la plane,
La nature ey pertout riche, poumpouse, grane.
Qu'ey en aquet endret qu'Henric hou eslheibat,
Nou pas en rey flaügnac, més en brabe sourdat.
Tà soun repas qu'abé drin dé lard dab mesture,
Ou bet quillou dé pàa chens cap dé mascadure.
Lou dimenche pourtan et las hestes en naü,
La qu'is boulou bailla qu'eü metten aü métaü.

(1) Henri se souvint toujours avec amour de ceux qui l'avaient nourri... Quelques années avant la révolution, on lisait encore ces mots sur une pierre placée au-dessus de la première porte : *Sauve-garde du Roi*.

(2) La duchesse d'Angoulême vint, en juillet 1823, visiter la modeste maison où son aïeul avait été nourri, et, dès ce moment, sans doute, elle forma le projet qu'elle a réalisé depuis, d'en acquérir la propriété.

Pour vous, ô Lassensa, quelle douleur mortelle !
Pourtant consolez-vous ; car à votre séjour
Henri reconnaissant prouvera son amour.
Billère un jour pourra voir sa petite-fille
Se rendre dans l'asile où nâquit sa famille.
Au nombre de ses biens elle le comptera,
Et, digne de Henri, son nom toujours vivra.

A peine on quitte Pau, du côté des montagnes,
Quand on a parcouru de riantes campagnes,
Sur un roc où le Gave en grondant va mourir,
Le château de Coarraze aux regards vient s'offrir.
Des côteaux verdoyants et l'onde fugitive
Couronnent de ces lieux la belle perspective.
Là s'offrent tout ensemble à nos yeux confondus
Neiges, torrents, forêts et rochers suspendus.
Mais, soit que l'on regarde ou les monts ou la plaine,
La nature partout charme, subjugue, entraîne.
Henri fut élevé dans cet heureux climat,
Non en roi fainéant, mais en brave soldat.
Le maïs et le lard, frugale subsistance,
Formaient de ses repas la sévère ordonnance.
Le dimanche pourtant notre royal marmot
Dans un humble gala mangeait la poule au pot.

N'ey pas tout, deüs paysàs qué seguibe l'escole.
Bestit dé courdeillat et dab ûe camisolle,
Péés descaüs, cabiroü, qu'eü léchaben ana
Et coum û youen pouri nou hasé que pinna.
Barats et passadés, sègues, tout qu'at traücabe,
Et peü soümmet deüs rocs, crabot, qu'arpateyabe.
Esberit coum yamey hasà de Saint-Marti,
Fatigue, red, gaümas, eth sabé tout pati.
Tantôs, près d'û terré, soü croutzat d'û bie,
Qu'argoueytabe la lèbe aü bet esguit deü die;
Tantôs, capbat lous brioüs, traynabe l'arrousecq,
Ou, tà gaha callots, courré coum l'eslambrec.
Souben dab paysanots qu'essayabe sas forces ;
É calé lhéba pés, gahas à las estorces,
Qu'ère coum û bencilh et gouaillard coum û taü.
A la perche, aü billard, coum aü pousse-caillaü,
A d'arré n'ère estros. Lou sé, dens la parguie,
Dé touts souns coumpagnous fourman ûe coumpaguie,
Qu'ère lur coumandan més toustem lur amic....
At aüren dit labets? touts qué seguin Henric.
Touts quoan n'aboù besouing qué quitten lou bilatye,
Qu'eü biengoun tout ouffri, bite, aryen et couratye,
Henric disé tabé quoan hou rey deüs Francés :
« Que débi ço qui soy aüs més brabés Béarnés. »

———

Las anades ataü, peüs mouns, qué s'escoulaben ;
A pouquet la santat et lou cô qu'ey bragaben.
Henric dab Béarnés, à tout acoustumat,
Yamey dens las grandous n'estou tà fourtunat !...

Vêtu de méchant drap et d'une camisole,
Avec les paysans il fréquentait l'école.
La tête et les pieds nus, on le laissait partir,
Comme un jeune poulain qui ne fait que bondir.
Il franchissait buissons, ruisseaux, fossés, abîmes,
Gravissait les rochers jusqu'aux plus hautes cimes.
Au travers des périls toujours prêt à courir,
Fatigue, froid et chaud, il savait tout souffrir.
Tantôt, caché derrière une bruyère épaisse,
En abattant un lièvre il montrait son adresse ;
Et, tantôt au filet ou bien à l'hameçon,
Il prenait tour à tour la caille et le poisson.
Aux jeunes paysans parfois cherchant dispute,
Il luttait corps à corps, et brillait dans la lutte ;
Souple comme l'osier, et fort comme un taureau.
A la course, à la balle, à la perche, au cerceau,
Il excellait en tout. Vers le soir, dans la plaine,
De tous ses compagnons se faisant capitaine,
Il commandait en roi, mais restait leur ami....
Qui l'aurait dit alors?... Tous suivirent Henri.
A la voix de leur chef désertant le village,
Ils mirent à ses pieds leur bourse et leur courage.
Aussi s'écria-t-il, nommé roi des Français :
« Je dois ce que je suis aux braves Béarnais. »

Ainsi parmi les monts, s'écoulaient ses années ;
Ainsi se préparaient ses grandes destinées.
De la Ligue et des siens jamais l'heureux vainqueur
Sur son trône brillant n'eut un pareil bonheur.

Més qué bien, lou moumen oùn ba fini l'aübelle.........
Chrestiàas et Huganaüts qu'èren en gran quérelle.
L'Espagnol aganit qu'és minyabe lou peys,
Mey lou léchaben ha, mey qu'anabe sourdeys.
Yeanne, qui sus soun hil abé grane espérance,
Qu'és pense enfin qu'ey tems de l'ouffriü à la France,
Et qu'oü mande tà Paü ; nou poudé qu'aübédi.
Més boü ne cousta dounc abans qué dé parti !...

Anat, brabe Henricou, la glori qu'eb appère !
Anat founda lous drets d'ûe tuste nabère,
Et, pay trioumphadou, de bostes ennemics,
A force dé bertuts, het-p'en aütan d'amics !
Mey trouberat perhocs, mey de boste couratye
Et dé boste bountat parleran d'atye en atye.
En tout loc dé la terre, oun qu'eb admirera,
Més arrés, coum acy, yamey n'oub aymera !

E. VIGNANCOUR.

Mais le moment arrive où ce beau temps s'achève :
De Mayenne déjà la faction s'élève ;
Les soldats espagnols ravagent le pays.
Jeanne, pour le sauver, songe alors à son fils.
Fondant sur son appui sa plus ferme espérance,
Elle croit qu'il est temps de l'offrir à la France.
Sa mère l'appelait, Henri dut obéir.
Mais combien il gémit, quand il fallut partir !

Allez, brave Henri, la gloire vous appelle !
Allez fonder les droits d'une souche nouvelle,
Et, père triomphant, de tous vos ennemis
Par vos rares vertus faites-vous des amis.
Déjà votre valeur dissipe les orages,
Et de votre bonté s'entretiennent les âges....
En tout lieu de la terre on vous admirera ;
Mais plus que nous jamais nul ne vous aimera.

Cabaret-Dupaty.

CANT BÉARNÈS,

A la glori de Pierre-Paul RIQUET, créatou deü Canal de las dues Maas.

I.

« Qu'ère penden moun soum : aü miey d'ü berd bouscatye,
Quem' semblabe dé bédé, à trubès lou houeilhatye
    Peüs, zéphirs turmentade bèt-drin,
Clareya seü mé cap ue oumbre radiouse,
Y qué recouneichcouy la figure gaüyouse
    Dé nouste aymable DESPOURRIN.

» E-bédés, sim' digou, per délà la Garoune,
Lusi coum dus lugras la palme y la couroune.
    Amic, que las caü disputa !
Y perqué cragnérés ? Quoan se lhébe lou die
Oùn marchen aü coumbat lous Patouès deü mieydie,
    Labets qu'ey à nous dé canta.

» Coum la lengue Espagnole y sa sò l'Italienne,
Soules la Béarnése y la Languédocienne
    Soun heytes entas mésura.
Dé prenné lou haüt bol qu'ugnaüte qué s'abise :
Aü Béarnés tà préga, t'ayma, tà bénadise,
    Arré qué nous'pot coumpara.

CHANT BÉARNAIS,

A la gloire de Pierre-Paul RIQUET, créateur du Canal des deux Mers.

I.

« C'était pendant mon sommeil : au milieu d'un vert boccage,
Il me semblait de voir à travers le feuillage
    Par les zéphirs tourmentée légèrement,
Resplendir sur ma tête une ombre radieuse,
Et je reconnus la figure joyeuse
    De notre aimable DESPOURRINS.

» Vois-tu, me dit-il, par de-là la Garonne,
Luire comme deux étoiles la palme et la couronne,
    Ami, il les faut disputer !
Et pourquoi craindrais-tu ? Quand se lève le jour
Où marchent au combat les Pâtois du midi,
    Alors c'est à nous de chanter.

» Comme la langue Espagnole et sa sœur l'Italienne,
Seules la Béarnaise et la Languedocienne
    Sont faites pour se mesurer.
De prendre le haut vol qu'un autre s'avise :
Au Béarnais pour prier, pour aimer et bénir,
    Rien ne se peut comparer.

» En toun sé fourtunat qué s'enyendre la yoye,
Bézie ! en-û-cop qu'es ancienne y béroye,
(Dùs puns assemblats raremen)
Sus ù tucoü charman dab grâci b'es ségude ;
Mey lou brounze doun tout announce la biengude
Héra toun plus bet ournamen.

» Quet' tournéra Riquet ! Cantem ouey sa mémori :
Aü bé qu'eth sabou hà qué deü toute sa glori :
Quin mérite laüdous aquet !
Guerriers, grands poulitics, reys, boste renoumade
Per lou sang y lous plous trop souben ey croumpade ;
Més n'ey pas ataü de Riquet.

II.

» Riquet ! à d'aquet noum la Muse ques'desbeilhe,
Eth deü pople yamey nou hé coula lous plous,
Y qué créa dilheü la plus rare merbeilhe
Deü siècle lou plus merbeilhous.
Las granes maas d'Europe, après dus cens annades,
Bé semblen encouère estounades
Des' dà la mà dab amistat ;
Y despuch dus cens ans, lou pays qui las sépare,
Peü tribailh bénadit qui célébram adare,
Bét créche sa prouspéritat.

» En ton sein fortuné s'engendre l'allégresse,
Voisine, tout à la fois tu es ancienne et jolie,
    (Deux points réunis rarement)
Sur un tertre charmant avec grâce tu es assise;
Mais le bronze dont on annonce la bienvenue
    Fera ton plus bel ornement.

» Riquet vous reviendra ! Chantons aujourd'hui sa mémoire :
Au bien qu'il sut faire, il dut toute sa gloire ;
    Quel mérite élogieux que celui là !
Guerriers, grands politiques, rois, votre renommée
Par le sang et les pleurs souvent est achetée
    Mais il n'en est pas ainsi de Riquet.

II.

» Riquet ! à ce nom là la Muse se réveille :
Lui, du peuple jamais ne fit couler les pleurs ;
Et il créa peut-être la plus rare merveille
    Du siècle le plus merveilleux.
Les grandes mers d'Europe, après deux cents années,
    Semblent encore étonnées
    De se donner la main avec amitié ;
Et depuis deux cents ans, le pays qui les sépare,
Par le travail béni que nous célébrons maintenant,
    Voit croître sa prospérité.

» Paris, à tout prépaüs bante tas colounades,
Tas gleyses, touns tableüs y touns marbres famous;
Hè béde aüs estranyés tas bères prouménades,
  Touns palays, touns casaus poumpous.
Fière dé toun castet, dé tas cares ayguettes,
  Dé tous Diüs y dé tas flourettes,
  Bersailles, hè parla lous pècs.
Plà bèt ey tout acò, qu'at bouy, qu'oundre las billes;
Mey deü saye yamey, coum las obres utiles,
  Acò n'oubtiéra lous respects.

» Ço qui toustem lou mounde admire d'atye en atye,
Ço qui lou Languédoc countemple dab amou,
Et qui hè soun pla-stà de la bille aü bilatye,
  Qu'ey lou canal de Riquétou.
Oui, grâces à Riquet, la ciütat dé Toulouse
  Dé nad'aüte noun ey yalouse:
  Coum se distingue per lous arts,
Ques'place haüt tabé per l'or y la richesse,
Y qué pot, en yougan soun rolle dé princesse,
  Sùs ére appéra lous régards.

» Diü! quin trouna qué hè la Reyne deü Mieydie!
Tout peys dé souns tributs bé l'accorde l'aünou,
Despuch lou dous climat oùn bat l'aübe deü die
  Dinqu'aü loc oùn s'escoun lou sou!
Qué receü en sa court lous tissus dé l'Asie;
  Lous parfums bienguts d'Arabie,
  Lous fruts counfits à Malaga,
Lou sucre y lou cafè, hilhs dé la Martinique,
Y, dab lurs poumes d'or, las illes de l'Afrique
  A lur tour qué bienen paga.

Paris, à tous propos, vante tes colonnades,
Tes temples, tes tableaux et tes marbres fameux ;
Fais voir aux étrangers tes belles promenades,
  Tes palais, tes jardins pompeux.
Fière de ton château, de tes chères petites eaux,
  De tes Dieux et de tes fleurs,
  Versailles, fais parler les muets.
Tout cela est bien beau, je le veux, pour orner les villes,
Mais du sage jamais, comme les œuvres utiles,
  Cela n'obtiendra les respects.

Ce que toujours le monde admire d'âge en âge,
Ce que le Languedoc contemple avec amour,
Et qui fait le bien-être à la ville au village,
  C'est le Canal de Riquetou.
Oui, grâces à Riquet, la cîté de Toulouse,
  D'aucune autre n'est jalouse :
  Comme elle se distingue par les arts,
Elle se place haut aussi par l'or et la richesse,
Et elle peut, en jouant son rôle de princesse,
  Sur elle appeler les regards.

Dieu ! comme trône la reine du Midi !
Tout pays de ses tributs lui accorde l'honneur,
Depuis le doux climat où naît l'aube du jour,
  Jusqu'au lieu où se cache le soleil !
Elle reçoit dans sa cour les tissus de l'Asie,
  Les parfums venus d'Arabie,
  Les fruits confits à Malaga,
Le sucre et le café, fils de la Martinique,
Et, avec leurs pommes d'or, les îles de l'Afrique
  A leur tour viennent payer.

» Aban qué noustes oueilhs bissen aquets miracles,
A l'aütou deü canal quine péne é calou !
Lous homis, lou terrè s'arissaben d'oubstacles ;
  Arrés qué n'eü dabe calou.
De souns prégouns calculs aquestés sé truffaben ;
  Lous aüts dab agrou murmuraben
  De cap à soun util' prouyet.
Mey, en despieyt deü brut y dé la railléric,
Lou Languédoc susprés n'eü by pas ù soul die
  Perdé dé biste soun oubyet.

» Las Hades qu'eü bailhan chens doute lur baguette ;
Soun nibeü encantat aplanibe lous mounts,
Y qu'abéren pensat, chens l'aüque y la boucette (A),
  Qu'ère serbit per lous démouns.
Homi miraculous, dé tout, eth hè ressources ;
  Eth sab pléa dab chines sources
  Lou gran réserbouer deü Soumailh.
Et bédét ? lous arriüs bachats dé la mountagne
Ban, en quaüques moumens, à trubès la campagne,
  Da la bite à soun bèt tribailh.....

» Avant que nos yeux vissent ces miracles,
A l'auteur du Canal quelle peine il fallut !
Les hommes, le terrain s'érissaient d'obstacles :
   Personne ne lui donnait de l'ardeur.
De ses profonds calculs ceux-ci se moquaient ;
   Les autres avec aigreur murmuraient
   Devant son utile projet.
Mais, en dépit du bruit et de la raillerie,
Le Languedoc surpris ne le vit pas un seul jour
   Perdre de vue son objet.

» Les Fées lui donnèrent sans doute leur baguette ;
Son niveau enchanté applanissait les monts,
Et vous auriez pensé sans l'oie et la boursette (A),
   Qu'il était servi par les démons.
Homme merveilleux, de tout il fit ressource ;
   Il sut remplir avec de petites sources
   Les grands réservoirs de Soumailh.
Voyez-vous ? les ruisseaux descendant de la montagne
Ils vont en quelques moments à travers la campagne,
   Donner la vie à son beau travail.

(A) Les esprits superficiels ne croyaient pas au succès de l'entreprise de RIQUET, et ils traduisaient leur opinion en épigrammes et en quolibets. On peignit un âne prêt à succomber sous son fardeau avec cette inscription au-dessous : *tien bou Riquet!* Le grand homme ne dédaigna pas de répondre à cette mauvaise plaisanterie. Il fit à son tour peindre une superbe Oie, portant au cou une bourse bien remplie, et il écrivit au bas du tableau : *Mon Oie fait tout.*

» Hélas! praübé Riquet, n'abous pas l'abantaye
D'ourdia lous essays dé toun famous Canal :
La mourt, quan lou succès courounabe l'oubratye
  Tabè matat d'eü truc fatal.
Ataü coum tu, Riquet, lou Tasse s'acababe
  Entertan qué Roume tressabe
  En couroune touts souns laürès :
Enballes bé l'attén l'ourguilhous Capitole :
Sus lou trioumphadou l'affrouse mourt qué bole,
  Cambia las palmes en cyprès.

» Si n'éret pas tous dus aü parsà de las oumbres,
You t'aniri trouba ; saürés tout moun perpic ;
Quet'préguéri dé hà destinades mench soumbres
  A la terre deü gran Henric.
« Riquet, sit diséri, say ayda la nature ;
  Aci languéch l'agriculture,
  Faüte d'û praübe canalot. »
— « Oh! sim'respounérés, qu'aüras ço qui réclames. »
Moun Diü! si noustes còs, serbidous de las âmes,
  Es poudèn ouey lhébà deü clot !!!

» Dés douta d'û canal bét séré plà facile :
Lourde quet fourniré las aygues dé soun lac ;
Lou soü à toun nibeü pertout séré doucile ;
  Qué prénérés l'Ousse à Pountac ;
Y puch, coum d'aütes cops, n'out' caléré pas cragne
  Qu'arrés s'abisesse d'es plagne,

» Hélas! pauvre Riquet, tu n'eus pas l'avantage
De réaliser les essais de ton fameux Canal :
La mort quand le succès couronnait ton ouvrage,
    T'avait frappé du coup fatal.
Ainsi, comme toi, Riquet, le Tasse expirait
    Pendant que Rome tressait
    En couronne tous ses lauriers ;
C'est en vain que l'attend l'orgueilleux Capitole :
Sur le triomphateur l'affreuse mort qui vole
    Changeait les palmes en cyprès.

» Si vous n'étiez pas tous deux au pays des ombres,
J'irais te trouver, tu connaîtrais tous mes vœux ;
Je te prierais de faire des destinées moins sombres
    A la terre du grand Henri.
« Riquet, te dirai-je, viens aider la nature ;
    Ici languit l'agriculture,
    Faute d'un pauvre petit Canal. »
— « Oh! me répondrais-tu, tu auras ce que tu réclames. »
Mon Dieu! si nos corps, serviteurs de nos âmes,
    Pouvaient aujourd'hui sortir du tombeau !!!

» Nous doter d'un canal te serait bien facile :
Lourdes te fournirait les ondes de son lac ;
Le sol à ton niveau partout serait docile ;
    Tu prendrais l'Ousse à Pontacq ;
Et puis comme autrefois tu n'aurais pas à craindre
    Que personne s'avisât de se plaindre,

Y qu'enloc houssen ouppousans.
U Canal! û Canal!... nousté bot qué l'appère :
Toun pouète, eth médich, nou regrettéré hère
    Ni souns moulis, ni souns battans.

« Mey qué dic? Nousté côs débens la négre cache
Qué droum encadénat dinqu'aü gran yutyamen :
Aquet praübé manan de la crampette bache
    Nou pot esta nouste instrumen.
Ataü, d'aquet coustat, n'ayam nade espérance.
    Més tu qui tan aymés la France,
    Qui tan as heyt per soun plasta,
Inspire aü mench, Riquet, lous sabens deü Génie,
Y qu'inspiréray, you, lous hils de l'harmounie,
    Tà quet' pousquen coum caü canta. »

III.

Ataü de Despourrins qu'em parla la grane oumbre :
Qu'at ey encouère aü cap; de poü qué sem'desmoumbre,
    Are à la plume qu'ey récours :
Quem' goüardi d'y mescla moun trop coumu lengatye :
Coum bèt débé lati troussat per ù maynatye,
    You nou goüastérey taü discours.

V. BATAILLE.

Ou qu'en quelque part on trouvât des opposants.
Un Canal! un Canal!... tous nos souhaits l'appellent,
Ton poète, lui-même ne regretterait guère,
    Ni ses moulins, ni ses battants (1).

» Mais que dis-je notre corps dedans la noire cache
Dort enchaîné jusqu'au grand jugement :
Et ce pauvre habitant de la chambre basse
    Ne peut être notre instrument.
Ainsi, de ce côté, n'ayons pas d'espérance.
    Mais, toi, qui tant aima la France,
    Qui tant as fait pour son bonheur,
Inspire au moins, RIQUET, les savans du Génie,
Et j'inspirerai, moi, les fils de l'harmonie,
    Pour qu'ils puissent comme il faut te chanter? »

III.

Ainsi de DESPOURRINS me parla la grande ombre :
Je l'ai encore dans la tête ; de peur de l'oublier,
    Maintenant à la plume j'ai recours.
Je me garde d'y mêler mon trop commun langage :
Comme un devoir latin troussé par un enfant,
    Je me garderai bien de gâter un tel discours.

V. BATAILLE.

---

(1) Allusion à des moulins que l'auteur possède à Pontacq.

LA CASSE DEÜ REY ARTUS.

Lou rey Artus qu'ey partit tà la casse,
Més lou curé qué l'a dit : Praübe rey,
Qué pots cassa dab touts lous càs de race,
Pendens mile ans, chens préne arré jamey.
Qué t'ès truffat de jou, de la parouesse
Quoan eri prèst à disé *Libera*,
Et qu'ès sourtit à galops dé la messe
En entenen lou tou Flambeü laïra.

Lou rey Artus qu'ey bèt tros loueign adare ;
N'a pas jamey aymat nat capéra.
Soüs coustalats qué cante la fanfare,
Tayaut ! tayaut ! la lèbe es lhébéra ?
Soun chibaü blanc qu'esperréme la terre ;
Lous cassadous cerquen dé touts coustats,
Siulan, cridan, han u brut de tounerre
Et hourucan taillis, sègues, barats.
Aü deban d'eths la mute qu'es tourneye
Liupan bèt drin : Tambour qué hourateye,
Finaut que sen, mes qu'ey bieilh ; Timbalou,
Cagan pertout, arré nou hè de bou.

LA CHASSE DU ROI ARTUS.

Le Roi Artus est parti pour la chasse,
Mais le Curé lui a dit : Pauvre Roi,
Tu peux chasser avec tous les chiens de race,
Pendant mille ans, sans prendre rien jamais ;
Tu t'es moqué de moi, de la paroisse,
Quand j'étais prêt à dire *libéra*.
Et tu es sorti, à galop de la messe
En entendant ton Flambeau aboyer.

Le Roi Artus est bien loin maintenant ;
Il n'a jamais aimé aucun curé.
Sur les côteaux il chante la fanfarre,
Tayaut ! Tayaut ! le lièvre va se lever.
Son cheval blanc éparpille la terre ;
Les chasseurs cherchent de tous côtés,
Ils sifflent, crient, font un bruit de tonnerre
Et traversent taillis, haies et fossés.
Au devant d'eux la meute tourne de tous côtés,
En poussant des cris : Tambour perce partout,
Finaut sent, mais il est vieux ; Timbalou,
Foire partout, et ne fait rien de bon.

Decap aüs plats, eth que trobe la quèste,
Mes sus lou nas quins bets cops de bastou,
Lou cousinè quin lou brosse la bèste !
Nou remudet; acy qu'ey ! moun Flambeü,
Chens disé arré, qué court la carratère ;
Y d'u soul crit qui puye dinquoü ceü
Qu'ep hè lheba la lèbe... quin ey bère !
Qué diseren la rée d'u bétet !
Decap aü bosc quin a dat l'abourride !
Bé crey perdiü, qué s'estire la pèt ;
Dé l'as bira la guse qu'a l'abide.

Lou rey Artus qu'ey partit à chibaü,
Anem hilhots, si dits, courré qué caü.
Coum u démoun en galoupan qué tute,
Aü deban d'etlis s'en ba toute la mute.
Abet jamey entenut lou sabat,
A mieye-noueit, deus sourciès lou hourbari,
Quoan lou démoun dab sa hemne s'esbat ;
Abet jamey heit caüque calhabari,
Abet jamey cridat, brounit, siulat,
Abet en l'air embiat nat pétarrat ?
Tout aquet brut, creguat, per hort qu'estousse,
Aüprès deü qui hasen lous càs d'Artus
N'ère qu'u *chit* y sou de flûte douce...
Ma lèbe, aü cu qu'et ban tusta la pus
Si nou t'y hès ! Arpente doun, ma chère,
Aü houec déja qu'an metut la padère,
Lous galipaüts qu'an sentit toun cibet.
Cent de preguats toustem qu'en mieu mile,

Auprès des plats il trouve bien la quête
Mais sur le nez à grand coup de bâton,
Le cuisinier lui brosse bien la veste !
Ne remuez pas ; il est ici ! mon Flambeau,
Sans rien dire il court à perdre haleine,
Et d'un seul cri qui monte jusqu'au ciel,
Il fait lever le lièvre.... Comme il est beau !
On dirait qu'il a les reins d'un veau !
Vers la forêt il a pris son élan !
Je crois, parbleu, qu'il étire bien la peau ;
De se sauver le gueux a l'espérance.

Le Roi Artus est parti à cheval :
Allons, amis, leur dit-il, il faut courir.
Comme un démon en galoppant il donne du cor,
Au devant de lui s'élance toute la meute.
Avez-vous jamais entendu le sabat,
A minuit, des sorciers le bruit,
Quand le démon avec sa femme s'ébat,
Avez-vous jamais entendu un charivari,
Avez-vous jamais entendu crier, hurler, siffler,
Avez-vous en l'air envoyé quelque pétarrade !
Tout ce bruit, croyez-le, pour si fort qu'il fut,
Auprès de celui que faisaient les chiens d'Artus
N'étaient qu'un *chit* ou son d'une flutte douce.
Mon lièvre, au derrière on va te tâter la puce
Si tu ne t'y fais ! arpente donc mon cher,
Au feu déjà l'on a mis la poële ;
Les affamés ont senti ton civet.
Cent invités en amènent plus de mille,

D'aüts, per hasard, qué passen à l'endret.
Tap demanda si souffrit de la bile,
Ou s'abét plà droumit seü coustat dret.
Anem, anem, madame cousinère,
Noup fachet pas; tuat mey-leü dus gats,
Lèbes et gats, si crey, qu'es semblen hère
Et qu'en n'y a prou t'ans'é ha quoate plats.

Tan qui poudè la lèbe qu'arpentabe,
Pourtan de près, Flambeü qué la toucabe
Quoan tout d'u cop nou bét pas mey arré.
Per oun a dat? qui diable at saberé?
Aüs alentours nou ya pas nade reilhe,
Tusque tapoc; nat tros de brucheri
Peü miey deüs camps, qu'cy cadude la houcilhe
Despuch loun-temps; en l'air la béderi
S'abè boulat, mes oun abè las plumes
Ta poude ana s'ayassa hens las brumes?
« Aü gran jamey, si dits tout bouharoc
» Lou rey Artus, qu'ey doun ensourcierade
» De s'esliupa chens mey pareche enloc,
» Aü-diu-biban, quine barre panade !
» Lou capéra qu'abéré dounc résou ;
» Y countre you qu'a heit quaüque prière !
» Curé moun mic, qu'ey bos ha countre you !
» Per lou tou mus, curé que risques hère. »

O rey Artus, qu'es pergut dé ségu,
Si deüs curés attrapes la coulère.

D'autres, par hasard, qui passent par l'endroit
Vous demandent si vous souffrez de la bile,
Ou si vous avez bien dormi sur le côté droit.
Allons, allons, madame la cuisinière,
Ne vous fâchez pas; tuez plutôt deux chats.
Lièvres et chats, je crois, se ressemblent beaucoup,
Et il y en a assez pour nous faire quatre plats.

Tant qu'il pouvait le lièvre arpentait,
Pourtant de près, Flambeau le suivait,
Quand tout à coup il ne voit plus rien.
Par où a-t-il passé! qui diable peut le savoir!
Aux alentours il n'y a aucun fossé,
Ni souche non plus; aucun champ de froment coupé;
Dans la campagne la feuille est tombée
Depuis longtemps; en l'air je le verrais
S'il s'était envolé; mais où avait-il les plumes
Pour pouvoir aller se coucher au milieu des nuages.
« Au grand jamais, s'écrie tout honteux
» Le Roi Artus; il est donc ensorcelé
» De s'envoler s'en paraître nulle part;
» Au dieu vivant, quelle barre volée!
» Le curé aurait donc raison,
» Et contre moi il a fait quelque prière.
» Curé, mon ami, tu veux y faire contre moi!
» Par ta face, Curé, tu risques beaucoup. »

O Roi Artus, tu es perdu, c'est bien sûr,
Si des Curés tu encours la colère,

Praübè segnou, quin pots parla ta lè !
A Lucifer bèn ha mey leü la guerrè,
Ou, ço qui baü autan, à ta mouilhè,
Qu'ey gaguéras pélats et péchies hère,
Chens disé tout, més bé saps quin sé hè,
N'insultes pas aü mench lou tou curè;
. . . .

Labets Flambeü qué s'ep met à layra.
Lous aüts dab eth coumencen la gnaülère,
Lou rey Artus decap nou hè qu'u saüt :
« Bé sabi plà, Flambeü qué la troubère;
» Ta d'eth jamey nou y aüra nat défaüt »
Que credet bous lheü qu'ère lou lebraüt.
Nani moussu, qu'ère ue mousque blue,
Qui tourneyabe aü mus deüs càs troumpats
Et qui à touts é dabe la berlue.
Qué la séguin à trubès plèchs et prats,
Tailhis espés, caberques, coustalats ;
Tout en braman lous hoüs qué trabersaben.
Nou courrèn pas labets, mey que boulaben,
Aü darré d'eths lous cassadous qu'anaben,
Lou rey Artus arnéguan et juran :
« Qu'es parech qu'ouéi qué soy lou Juif-Erran;
» Aü diu biban aqueste qu'ey nabère ;
» Qui sab si lheü jamey s'arresteram ! »
Caüqu labets digou : « Qué bédéram. »
Qui dits aco dé sa bouts truffandère ?
Arrés nat sab, qu'ey l'arreboum dilheü,

Pauvre seigneur, comment peux-tu parler si mal !
A Lucifer va faire plutôt la guerre,
Ou, ce qui vaut autant, à ta femme;
Tu y gagneras des pinces et des pelées,
Sans dire tout, mais tu sais comment cela se fait,
N'insulte pas au moins ton curé ;

. . . .

Alors Flambeau se met à aboyer,
Les autres avec lui commencent la criaillerie.
Le Roi Artus s'élançant vers lui ne fait qu'un saut :
« Je savais bien que Flambeau le trouverait ;
» Avec lui jamais il n'y aura de défaut. »
Vous croyez, vous, que c'était le levraut,
Non pas, monsieur, c'était une mouche bleue,
Qui tournait devant le museau des chiens trompés,
Et qui donnait à tous la berlue.
Ils la suivent à travers haies et prés,
Taillis épais, fondrières et côteaux ;
Tout en hurlant les fous traversaient tout.
Ils ne couraient pas alors, mais ils volaient ;
Après eux les chasseurs arrivaient.
Le Roi Artus jurant et maugréant :
« Il paraît qu'aujourd'hui je suis le Juif-errant,
» Au dieu vivant, la chose est nouvelle;
» Qui sait si jamais nous nous arrêterons. »
Quelqu'un dit alors : « Nous verrons. »
Qui dit cela de sa voix moqueuse ?
Personne ne le sait, c'est l'écho peut-être,

Lou briu qui court per débat la heüguère,
Ou caüque guéhüs dehens la castagnère.
Aüyamis hort qué y a débat lou ceü,
Et l'u ou l'aüt à tout moumen debise.
Artus que dits : « Que deü esta la bise,
Haüt, en aban, et nou s'estanguen pas! »

Que soun partits y que courrin encouère.
Mile Nadaüs pourtan que soun passats,
Qué s'ey pléat mey d'u clot de marlère,
Qué s'ey coupat despuch mey d'u tarras,
Mey d'u qu'abou mey d'ue haroulère,
Lous qui partin toutu nou tournen pas.
Et lous courbachs attenden lur biengude,
Négres labets, adare que soun gris.
Aü bieilh castet la yeyre qu'ey badude,
N'ey soun pas mey qu'aragnes et souris.
Seü pourtalè lou luserp qu'es passeye....
Chens cragne mey que la bienguen bruqua,
Hens lous barats la graülhe qu'es prouseye
Et lous paysàs que la lèchen canta.
Qué bieneren acy ha si tournaben
Lous qui partin despuch ta loun-temps a?
Que soun touts mourts, touts lous qui eths aymaben,
Qu'eüs baléra doun mieilhe de cassa.

Tayaut! tayaut! cassadous hèt ahute,
Qu'at abet dit, nous caü pas estangua.
Tayaut! Tambour, Flambeü, toute la mute!
Tu Timbalou, desbroumbet de cagua!

Le murmure qui court à travers la fougère,
Ou quelque hibou dedans la châtaigneraie.
Il y a force animaux sous le ciel
Et l'un ou l'autre à tout moment babille.
Artus dit : « Ce doit être la bise,
» Allons, en avant, et ne nous arrêtons pas ! »

Ils sont partis et ils courent encore.
Mille Noëls pourtant se sont passés ;
Il s'est rempli plus d'un creux de marnière ;
Il s'est coupé depuis plus d'une cruche,
Plus d'un eut plus d'une folle ;
Ceux qui partirent néanmoins ne revinrent pas,
Et les corbeaux attendent leur arrivée ;
Noirs alors, maintenant ils sont gris.
Au vieux château le lierre a poussé ;
Il n'y a plus qu'araignées et souris ;
Sur le portail le lézard se promène....
Sans craindre plus qu'on le vienne inquiéter,
Dans les fossés la grenouille s'amuse
Et les paysans la laissent chanter.
Que viendraient faire ici s'ils revenaient
Ceux qui partirent depuis si longtemps !
Ils sont tous morts tous ceux qu'ils aimaient ;
Il leur vaut donc mieux de chasser.

Tayaut ! Tayaut ! chasseurs courez,
Vous l'avez dit, il ne faut pas s'arrêter.
Tayaut ! Tambour ! Flambeau ! toute la meute !
Toi Timbalou, oublie de foirer !

Qué hasse die ou noueit ou clà de lue,
Lou rey Artus qu'ey en casse toustem,
Qué perseguech ataü la mousque blue
Sus terre, aü ceü, pertout. — Quoan entenem,
A l'*Angelus*, lous moustis ha gnaülère
Per lous arrius, hens lous grans cassourras,
Qu'ey rey Artus qui passe et qu'eüs apère....
O praübe rey loun-temps que tuteràs !
Deü houns deüs boscs lous bieilhs loups qu'eüs respounin,
Touts ahamiats en sentin soun chibaü.
Moutous, oülhès, esbaryats qué s'escounin;
Lou mey fier dits : « Diu birat me dé mau ! »
A l'entertan, lou courtetye que passe.
Dus mile càs que hourren touts amasse;
A coustat d'eths qu'en han lous lou-garous
Y lous sourciés, las brouches aü peü rous,
Acabalats sus grans manyes d'escoube.
Qué y ey tabé Arcencam de Bournos,
Lou qui deü diable é pouncha drin lous os,
Quoan aü sabat culhebabe en estros.
Soun toumbaroü, qui hè boula la proube,
Qu'at coupe tout de saüts et biroulets.
Ahouailh deü diable, hup ! quin tri nou ben eths !
Qué diseren qu'ey l'aygue desbourdade,
Arrousegan cailhaüs et piteraüs;
Deü ben d'iber que semble la bouhade,
Quoan en braman hè crouchi lous couraüs
Bieilhs de cent ans, ou lou brut d'ue armade,
Qui passe aü loueign dab canous et chibaüs.
Mey chic à chic qu'es perd lou tintamarre

Qu'il fasse jour ou nuit ou clair de lune,
Le Roi Artus est en chasse toujours;
Il poursuit toujours la mouche bleue
Sur terre, au ciel, partout. — Quand on entend
A l'Angelus, des chiens la criaillerie
A travers les ruisseaux, dans les grandes forêts,
C'est le Roi Artus qui passe et les appelle....
O! pauvre Roi longtemps tu sonneras!
Du fond des bois les vieux loups lui répondent,
Tous affamés en sentant son cheval.
Moutons et bergers effrayés se cachent;
Le plus hardi dit : « Dieu, préservez-nous de mal! »
Pendant ce temps, le cortège passe;
Deux mille chiens hurlent tous ensemble;
A côté d'eux marchent les loups-garous
Et les sorciers, les sorcières au poil roux,
A cheval sur des manches de balais.
On y voit aussi Arcencam de Bournos,
Celui qui du diable pinça les os,
Quand au sabat il sautait en maladroit.
Son tombereau fait lever la poussière;
Il coupe tout de sauts et de gambades!
Foule du diable, hup! quel train ils font!
On dirait que c'est l'eau débordée
Entraînant cailloux et poutres;
Du vent d'hiver on dirait la tempête,
Quand en soufflant il fait briser les chênes,
Vieux de cent ans, ou le bruit d'une armée
Qui passe au loin avec canons et chevaux.
Mais peu à peu se perd le tintamarre

Coum u bouhét d'homi quis ba mouri,
Et l'arreboum de la grane fanfare
Nou dits pas mey que bet drin de réfri.
Et la gran noueit aü louegn qué ten sas tèles,
Sus lous teïts cat lou seré droumilhous,
La lue aü ceü qué s'abance tout dous
Et qué lusech aü miey de las estèles.

Aüta loun-temps lou mounde durera,
Aüta loun-temps Artus que casséra.

Alexis Peyret.

Comme le souffle d'un homme qui va mourir,
Et le fracas de la grande fanfarre
Ne dit plus rien qu'un léger refrain.
Et la grande nuit au loin qui tend ses toiles,
Sur les toits tombe le serein endormeur,
La lune au ciel s'avance doucement
Et luit au milieu des étoiles.

Aussi longtemps que le monde durera,
Aussi longtemps Artus chassera.

HOUMATYE

Aüs d'Aüssaü, sus lous Truquetaülés de la Ballée.

Prou b'an cantat, chens doute, et prou be canteran
Lou tendre amou, la guerre et tout ço qué de gran
Per lou mounde se hè, despuch qué, d'ûe alénade,
Drin de proube en Adam per Diü estou cambiade.
Lous membres beü poussen, deü cap dinqu'aüs talous,
Coum aüs arbes sé hen, et branques et boutous;
Et soun sang qué coula, peü miey dé sas artères,
Coum l'ayguette qui court capbat las arribères;
Et coum lous rays deü sou s'en ban tout escaühan,
La calou qué s'esten, hens sas cars, en baran.

Qu'és desbeille, qu'és lhèbe, et sous membres qu'ayitte;
Sous oueils se soun plantats, cadû dens sa gueritte;
Soun nas s'en bà senti; sa mà que sab tasta;
Sa lengue, dens soun clot, que s'apreste à gousta;
Per l'aüreille qu'enten, quoan nou l'a pas trop dure :
Aquets utis qué soun lous cinq sens de nature.

HOMMAGE AUX OSSALOIS

Sur les flâneurs [1] de la Vallée.

Assez on a chanté, sans doute, et assez on chantera
Le tendre amour, la guerre, et tout ce que de grand
Par le monde se fait, depuis que d'un souffle,
Un peu de poussière, en Adam, par Dieu fut changée.
Les membres lui poussèrent des pieds jusqu'aux talons,
Comme aux arbres se font et branches et boutons,
Et le sang coula au milieu de ses artères,
Comme l'eau qui court à travers les plaines,
Et comme les rayons du soleil qui vont tout réchauffant
La chaleur s'étendit dans ses chairs en tournoyant ;

Il s'éveille, il se lève, et agite ses membres,
Ses yeux se sont plantés chacun dans sa guérite,
Son nez s'en va sentir et sa main sait tâter,
Sa langue dans son trou s'aprête à goûter,
Par l'oreille il entend, s'il ne l'a pas trop dure ;
Ces outils sont les cinq sens de nature.

---

(1) Qui fréquentent les marchés.

Et malaye la serp, doun lou beroy accens,
A l'hommi hè senti qu'abè û gnaüte sens !
Tout lou mounde bé sap, qu'*Ebe*, la beziade,
Bé pergou soun aünou dens aquère begade,
Et qué trop malamen hé créde à soun marit,
Ço qui la serp, tantôs, cap à cap, l'abè dit.

Coum drin dé bouridé, leü la paste a tournade,
Ebe et la serp aboun l'humanitat gouastade.
Hères qué s'y gahèn, qu'aücû s'en escapa ;
Lous sayes et lous bous sourtin de cla en cla :
Ataü, coum en û cam, tout semiat dé sibade,
Qu'aüqu'espigue de blad, parech à l'escapade.
Prou n'y-abou de mesclats, charnègous coumpagnous,
Qui houn *Truquetaülès*, miey méchans et miey bous.

En t'aquets, s'a-Diü-plats, esla baü ma musette ;
Aquets qué baü canta. Tu, beroye Pourette,
Dé quaüqu'arrisoulét, hounore mas cansous ;
Sus mouns bers, quaüque-cop, passéye touns oueillous.
Loung-temps a qué moun cô, regretan ta présence,
De larmes et doulous, se naüréch dens l'absence.
Dé noustes prumès ans, encouère bét soubiens,
D'aquets houleyadis, d'aquets yocs innoucens :
. . . .
Aquo nou hou qu'û yoc : més, quoan noustes anades,
Chic-à-chic, en grandin, sé trouben augmentades,
Nouste estelle labets qu'ens boulou sépara.
La bouts, si t'en soubiens, bé perdouy per ploura.
. . . .

Et maudit le serpent, dont les jolis accens,
A l'homme fit sentir qu'il avait un autre sens !
Tout le monde sait bien qu'Eve la chérie,
Perdit son honneur dans cette rencontre;
Et que trop méchamment elle fit croire à son mari,
Ce que le serpent, tantôt, tête à tête, lui avait dit.

Comme un peu de levain, a bientôt tourné la pâte.
Eve et le serpent eurent bientôt gâté l'humanité;
Beaucoup y furent pris, bien peu s'en échappèrent,
Les sages et les bons sortirent de clair en clair ;
De même qu'en un champ, tout semé d'avoine,
Quelque épi de blé se montre à l'échappée,
Il y en eut force de mêlés, compagnons aventuriers,
Qui furent *Truquetaülés*, moitié bons, moitié mauvais.

C'est pour eux, s'il plait à Dieu, que je vais enfler ma musette;
Ceux-là, je vais chanter; toi, charmante Pourette,
De quelque sourire honore mes chants ;
Sur mes vers quelquefois promène tes jolis yeux.
Depuis longtemps mon cœur regrettant ta présence,
De larmes et douleurs se nourrit dans l'absence,
De nos jeunes ans, encore te souviens-tu,
De ces folies, de ces jeux innocents.
. . . .
Cela ne dura qu'un moment ; mais quand les années
Peu à peu, en grandissant, se furent accumulées,
Notre étoile alors voulut nous séparer,
La voix, s'il t'en souvient, je perdis à force de pleurer.
. . . .

Aüs despartits sustout, aquiü houn las doulous...
Adichat, mouns parens; adichat, mas amous!

Empero coum peüs càs, la lèbe perséguide,
S'en retourne à soun yas, quoan se sen esheride,
Ataü mous Aüssalés, you qu'eb biéni trouba,
Bère *Pourette*, et tu.... Cependen baü canta,
D'aquets *Truquetaülès* lous feyts et las pensades :
Aütan coum ey poudut, qué las ey amassades.

En û pun, soun d'accord, nousles plus grans sabens,
Qu'*Adam* hou lou permè de touts nousles parens.
Lous rèbes coundamnats deü Gascou Lapeyrère,
D'ù cerbet escaühat que proben la misère :
A d'enténe aquet hoü, arré nou coumença,
Lou mounde, de tout tems, qu'a début exista.
Curious trop indiscret, quib dé la fantésie
D'ana mette en aban aüta hole hérésie!
Counsulta nou poudèt, esbarrit peccadou,
Lou qui plà bat sabè, Moussu boste Rectou !
Eth b'ep aüré proubat, per résous, escriturcs,
Qu'aban lou pay *Adam*, nou-y-abou créatures.
Dounques aban *Adam*, nou houn *Truquetaülès* :
Tà nous aüts ben ey prou, qué housse deüs permés.

Digat-mé qué hazè, quoan soun tros de hemnette,
Dab la serp débizan, guignabe la poumette :
Dilheü, plà s'arrayán, qu'és rougnabe las oungles;
Ou dilleü coum bet pec, parlabe à las aüroungles;
Pot-este que soulet, enta nou's débeya,
En soun casaü d'Eden, s'ère anat passeya....

Au départ surtout éclatèrent les douleurs...
Adieu tous mes parents ! adieu mes amours !

De même que par les chiens le lièvre poursuivi,
S'en retourne à son gîte quand il se sent rendu,
Ainsi, mes Ossalois, je reviens vous trouver,
Belle Pourette et toi !... Cependant je vais chanter
De ces *Truquetaülés* les faits et les pensées ;
Autant que je l'ai pu, je les ai ramassées.

Sur un point, sont d'accord, tous nos plus grands savants,
Qu'Adam fut le premier de tous nos parents.
Les rêves condamnés du Gascon Lapeyrère,
D'un cerveau échauffé attestent la misère.
A l'entendre, ce fou, rien n'a commencé,
Le monde a dû de tout temps exister.
Curieux trop indiscret, qui vous donna la fantaisie
D'aller mettre en avant cette folle hérésie !
Ne pouviez-vous consulter, égaré pécheur,
Celui qui bien le savait, monsieur votre Recteur !
Lui vous aurait prouvé par raisons, écritures,
Qu'avant le père Adam il n'y eut pas de créatures.
Doncques avant Adam, il n'y eut pas de *Truquetaülés*,
Pour nous c'est bien assez qu'il ait été des premiers.

Dites-moi que faisait-il quand son bout de femme,
Avec le serpent caquetant, regardait la pomme ;
Peut-être, au soleil, il se rognait les ongles,
Ou peut-être comme un niais il parlait aux hirondelles.
Peut-être que tout seul pour ne pas s'ennuyer,
Dans son jardin d'Eden, il s'était allé promener ;

Et qué soulet bedè quin l'ayguette coulabe,
Quin baden flous et fruts, et d'oùn lou ben bouhabe.
Bé poudé, plà tabé, hà qu'aüqu'arrépourè,
Sus ço qui, de nabet, à tout moumen bedè.
Suffeich qué d'aquet feyt, la Gleyse s'ey carade,
Et qué poudem pensa ço qui mey nous agrade.

 Adam dounc, si bous plats, per p'at dise en dùs mouts,
Hou drin *Truquetaülè*, lou bet permé de touts.
Imprudamen lécha la soue mouillé soulette,
Quoan la serp s'escounè dehens l'herbe resquette;
Aco hou manquamen d'ù pec, d'ù aüruguè,
Et d'ù cap rebirat, estros *Truquetaülè*....
Car si l'aymabe tan, perqué toute esbarride,
Coum ù youen chibalet, qué nou retien la bride,
Capbat deüs naberas, soule l'abandouna,
Et debat lou poumé, la lecha caquetta?

Th. Bordeu.

Ou bien que tout seul il regardait comment l'eau coulait,
Comment naissent fleurs et fruits, et d'où le vent soufflait.
Il pouvait bien aussi faire quelque proverbe,
Sur ce que de nouveau à chaque instant il voyait ;
Suffit que sur ce fait l'Eglise se soit tue
Nous pouvons penser tout ce que bon nous semble.

 Adam, s'il vous plait, pour le dire en deux mots,
Fut un peu *Truquetaülé* le premier de tous,
Imprudemment il laissa sa femme toute seule,
Quand le serpent se cachait sous l'herbe fraîche
Cela fut l'étourderie d'un sot, d'un mal-appris,
D'une tête à l'envers, d'un maladroit *Truquetaülé*.
Car s'il l'aimait tant, pourquoi toute égarée,
Comme un jeune cheval, que ne retient la bride,
A travers les noisetiers l'abandonna-t-il seule,
Et dessous le Pommier la laissa-t-il caqueter ?

LOU CATOUNET.

Stences.

Si bos sabé quaüque petit passatye
Per te mantiene en tout temps san et net,
Escoute, amic, lou petit Catounet,
Qué pots, dab eth, ha toun apprentissatye.

Nou prengues pas més ahas qué ta peine
Et tous moyens, nou pousquen suppourta,
Aquet qui boü trop gran hèch appourta,
Qué caü qué caye ou que perdie l'alène.

Dous ey û temps d'eüs garnits lou seguici;
Mès à la fi amare jen coum heü;
U gran seignou nou tire lou chapeü,
Qué tan qui sab qu'on lou pot ha serbici.

En touns ahas nou t'aüpiniâtres gouayre,
Estan en ço qu'in haran gent de bé,
Qué lou proucès ey la quère d'eü bé,
Et l'espitaü guigne lou pleytejayre.

LE PETIT CATON.

Stances.

Si tu veux connaître quelque petit passage
Pour te maintenir en tout temps saint et net,
Ecoute, ami, le petit Catonet,
Tu peux, avec lui, faire ton apprentissage.

Ne prends pas plus d'affaires que ta peine
Et tes moyens ne puissent supporter ;
Celui qui veut un trop grand poids porter,
Il faut qu'il tombe ou qu'il perde l'haleine.

Doux est un temps des grands la compagnie,
Mais à la fin amère comme le fiel ;
Un grand seigneur ne tire le chapeau,
Que lorsqu'il sait qu'on peut lui rendre service.

Dans tes affaires ne t'opiniâtre guère,
Tiens-toi toujours en ce qu'en feront gens de bien ;
Car tout procès est la ruine du bien,
Et l'hôpital attend le plaideur.

L'homi groussous que Moussu l'oun apère,
Riche, pouten, plé dé bés, dé cabaüs,
N'ey à la fi qu'ù bouillou de tout matis,
L'arroc battut de la gran bentoulère.

Tan qu'oun té sab force aryen en la bousse,
Dé toutis es Moussur et coumpagnoun,
Quoan nou n'as més, desléchat es d'eü moun,
Coum si jamés counegut nou t'abousse.

Dits la paraüle après l'abé pensade,
A yens segrets, qui n'aymen pas lou brut,
Ataü ne ba d'eü prepaüs qu'as tiengut,
Coum hé d'eü ben ou dé peyre lançade.

Si bos abé peüs bounis locs l'entrade,
Sayet dé ha, coumo beses qué hen,
Nou sies pas fachous, brutous, bilen,
Ni lampouyné, coumo bère maynade.

Si ta bertut force de bé s'amasse,
Parens caytiüs, bergougne nou té hen;
Qué baü meyleü, qué lou darré bilen,
Esta purmé yentilhome en sa race.

N'out hiques pas en ta grane coulère,
Qué tu medich n'out pousques matiga,
Aquet qui sab soun bici castiga,
Per dessus touts lou plus saye s'apère.

Quoan as lou temps dé poudé hà la caüse,
Nat boutes pas à tantôs, ou douma,
Qui perd ù cop l'agine de la ma,
N'abigue plus ni lou tems, ni la paüse.

L'homme orgueilleux que Monsieur l'on appelle
Riche, puissant, plein de biens, de trésors ;
N'est à la fin qu'un bouillon de tous maux,
Le roc battu de mille orages.

Tant qu'on te sait force argent dans la bourse
De tous tu es Monsieur et compagnon ;
Quand tu n'en as plus, délaissé de tout le monde,
Comme si jamais ils ne t'avaient connu.

Dis la parole après l'avoir pensée,
A gens secrets, qui n'aiment pas le bruit ;
Il en est de même des propos que tu auras tenu,
Comme il arrive du vent ou de la pierre lancée.

Si tu veux avoir dans de bons lieux l'entrée,
Essaie de faire comme tu vois qu'on fait ;
Ne sois pas fâcheux, brusque, vilain,
Ni lambin comme une véritable enfant.

Si ton savoir force de biens amasse,
Que des parens pauvres ne te fassent pas honte ;
Il vaut bien mieux, que le dernier vilain,
Etre premier gentilhomme en sa race.

Ne te mets pas en si grande colère,
Que toi-même tu ne puisses te modérer ;
Celui-là qui sait son vice châtier,
Par dessus tous le plus sage s'appelle.

Quand tu as le temps de faire une chose,
Ne renvoie pas à tantôt, ou demain,
Qui perd une fois l'occasion dans sa main,
Ne trouve plus ni le temps ni la pause.

Nou hasses maü d'aqueste ou d'aüte sorte,
Pensan qn'après dégu nat sabéra,
Tu nou pouyrés, tan lou houec capera,
Qu'à la per fi la humade noun sorte.

Nou sies d'aquets qu'espouseren ûe Moure,
Un Arrebrec mès qu'aye force aryen;
Si n'as mouilhé de quaüque boune yen,
L'aryen s'en ba et la besti demoure.

N'aymes pas trop la hemne ahelequade
Et qui nou biü arrestade à l'oustaü,
Encouare n'oun-y-aye oum y pot disc maü :
Bou renoum baü mey que cinture daürade.

Hemne si bos que ta maynagerie
Ane dé dret et nou s'y perdie arré,
Nou bires l'oucilh dé l'entour dé toun bé,
Et n'anes pas mey loueing que la garie.

Nou tournes pas, puch que tu n'ès déhore,
En û danyé oùn t'ès bist fort prégoun,
Ta souben ba la Bane tà la houn,
Qu'à la per fi lou tutet l'y demore.

Si bibé bos d'accord en queste mounde,
Dab toun amic, sa dits-om, minye et beü ;
Més dab aquo sapios toustem qui deü,
Qué bous amics entertien lou bou counde.

Ne fais pas mal d'une ou d'autre manière,
Pensant qu'après personne ne le saura ;
Tu ne pourrais si bien le feu cacher,
Qu'à la fin la fumée n'en sorte.

Ne sois pas de ceux-là qui épouseraient une négresse,
Un avorton, pourvu qu'elle ait force argent ;
Si tu n'as femme de quelque bonne gent,
L'argent s'en va et la bête demeure.

N'aime pas trop la femme dissipée,
Et qui ne sait vivre enfermée dans sa maison ;
Encore qu'il n'y en ait on n'y peut dire mal....
Bon renom vaut mieux que ceinture dorée.

Femme si tu veux que ton ménage
Aille bien droit et qu'il ne s'y perde rien,
Ne détournes point l'œil de l'entour de ton bien,
Et ne va pas plus loin que la poule.

N'y reviens pas puisque tu es sorti
De ce danger où tu étais enfoncé ;
Tant va souvent la cruche à la fontaine,
Qu'à la fin le goulot y demeure.

Si tu veux vivre d'accord dans ce monde,
Avec ton ami, ce dit-on, mange et bois ;
Mais néanmoins sache toujours qui doit,
Car bons amis entretient le bon compte.

Quoan tu t'as bist tan dé maynatyes nache,
La praübetat t'a heyt poü aüta leü,
Si Diü neürech, lous aüzerous deü Ceü,
Cragneras-tu qué n'out doungue qué pache.

Force et beütat an prou bère parade,
Lou bé deü moun hè gran gay à la yen;
Més tout aquo n'ey à la fi que ben,
La bertut, soule aquère ey dé durade.

Saye lou jouen qu'à tribailha sé dresse,
Lou qui nou pren pène quoan ey pouri,
Prènc la deü quoan ey bieilh arroussi;
Lou pa d'eüs bieilhs, se deü moule en jouenesse.

Dehens, dehore, à la bile, aü campestre,
Quoan es baylet, serbech fidèlemen;
Baylet leyaü, dits-om, coumunemen,
En bien serbi, dé baylet tourne mestre.

Hemne, quoan as ue paraüle entenude,
A toun marit lampourna nou la caü,
Et més que més seü pot apourta maü,
Que male lengue, ey ue dague pinchude.

Endure tout, qué quet diguen ou hassen,
Que coum om dits : qui souffrich y biscou,
Dab lou temps bi, ço qui bède boulou,
Lou temps et yen, tout en û cop que passen.

Per qu'à ta yen nou lèches tribulossis,
Nous sies coubés; croumpe plà, pague plà;

Quand tu t'es vu autant d'enfants naître,
La pauvreté t'a fait peur aussitôt ;
Si Dieu nourrit les petits oiseaux du ciel,
Craindras-tu qu'il ne te donne de quoi paître.

Force et beauté font assez belle parade,
Le bien du monde fait grand plaisir à la gent ;
Mais tout cela n'est à la fin que vent,
La vertu seule, celle-là est de durée.

Sage le jeune homme qui à travailler s'exerce ;
Celui qui ne prend peine quand il est poulain,
Doit la prendre quand il est vieux roussain ;
Le pain des vieux doit se moudre en jeunesse.

Dedans, dehors, à la ville, au village,
Quand tu es valet sers bien fidèlement ;
Valet loyal, dit-on communément,
En bien servant, de valet devient maître.

Femme, quand tu as entendu une parole,
A ton mari il ne faut pas la rapporter ;
Le plus souvent il en peut résulter mal,
Car mauvaise langue est une dague aigue.

Endure tout, que l'on dise, ou qu'on fasse,
Car comme on dit qui souffrit et vécut,
Avec le temps vit tout ce qu'il voulut,
Le temps et gent, tout ensemble ça passe.

Pour qu'à tes enfants tu ne laisse point des embarras,
Ne sois point cupide ; achète bien, vends bien ;

Qué quoan n'aürem qué tout eschuc lou pâ,
Bé lèche prou, qui nou lèche négocis.

Boula trop haüt ey péguesse, ou houlie,
A tu qui n'as las âles per at hè ;
Caüsse, dits-om, sabatous de toun pè,
Et gouarde plà dab qui prenes parie.

Puch qu'û hablayre à toutes yens abeye,
Ayes toustem en la bouque la saü,
Parle pouquet, et que sie coum caü ;
Que bachet plé, ey lou qui mench tourneye.

Preize-t'y plà quin mestié que tu hasses,
Tà hà toustem la besougne coum caü ;
U cop soulet qué l'ayes heyte maü,
Semble à cadu que toustem tu pedasses.

B'en y a mantu qué quoan é quoan lous trigue
Dé despensa ço qui s'an gouadagnat,
S'abisen puch trop tard quoan tout s'en ey anat,
Qu'aüren plà heyt dé hà coum l'aroumigue.

Hilhe quoan ey prèse d'amourousie,
N'abise pas mey en-là que deü naz ;
Hilhe gouè plà quoan te marideras,
Qué n'ayes pas maü marit et maü die.

Chiche maüdit, digues-me qué t'abance,
Bibe caytiü, per at tout amarra ?
Chens degun grat, lou qui lou bé t'aüra,
Rougé-boun-temps s'emplécra la pance.

Quand ils n'auraient que le pain seul tout sec,
Il laisse assez, celui qui ne laisse pas des procès.

Voler trop haut est sottise ou folie,
A toi qui n'as des ailes pour le faire ;
Chausse, dit-on, des souliers pour ton pied,
Et regarde bien à qui tu t'associe.

Puisqu'un hableur ennuie tout le monde,
Aies toujours sur la bouche le sel,
Parle peu et que ce soit comme il faut,
Un tonneau plein est celui qui tourne le moins.

Fais avec soin quel métier que tu fasse,
Pour faire toujours la besogne comme il faut ;
Une fois seulement si tu l'as mal faite,
Il semble à chacun que toujours tu rapièce.

Il y en a plus d'un qui lorsqu'il leur presse
De dépenser tout ce qu'ils ont gagné,
Se ravisent trop tard, quand tout s'en est allé,
Ils auraient bien fait de faire comme la fourmi.

Jeune fille, quand elle est éprise d'amour,
N'avise pas plus loin que son nez ;
Jeune fille, avise bien quand tu te marieras,
De n'avoir pas mauvais mari et mauvais jour.

Avare maudit, dis-moi ce que t'avance,
De vivre dans la gène pour tant ramasser ?
Sans t'avoir aucun gré celui qui aura ton bien,
Roger-bontemps se remplira la pance.

Tien plà ta hilhe en crente et retirade,
Qu'aci, n'aquiü n'ané pas à touts bens,
Et més qué més houeye lous jouenes yens,
Qué lou houec sort dé la peyre trucade.

. . . .

Nou sies d'aquets qui bolen ha parade
Dé bastimens et dé mubles touts naüs,
Qué lous anticqs disen bien à prépaüs,
L'oustaü bastit et la bigne plantade.

Nou n'y a dégu dé sa bouque qu'is cante
Nis bante fort, s'eth a lou sens rassis ;
Aquet, dits-om, n'a pas de bous besis
Qué per aco, caü qu'eth médich se bante.

Nou n'y a nat, nou, ni Moussu, ni Madame,
Qui n'aye û cop infourtunes et maüs ;
Qué nous em touts malestrucs et mourtaüs,
Et Diü castigue en aquet qui mes ayme.

Si lou méchan per û temps s'aproheyte,
Homi de bé, nou t'en estounes pas.
Espère un paüc, qu'à la fin tu beyras
A tout méchan qué riché nou proufieyte.

Tiens bien ta fille dans la crainte et retirée,
Qu'ici, ni là, elle n'aille à tous vents ;
Et qu'avec soin elle fuie les jeunes gens,
Car le feu sort de la pierre frappée.

. . . .

Ne sois de ceux-là qui veulent faire parade
De bâtiments et de meubles tout neufs ;
Les antiques disent bien à propos :
La maison bâtie et la vigne plantée.

Il n'est personne qui de sa bouche se chante
Et qui se vante fort, s'il a le sens rassis ;
Celui-là, dit-on, n'a pas de bons voisins,
Qui en est réduit à se vanter lui-même.

Il n'est personne, ni Monsieur ni Madame,
Qui n'eut une fois infortune et malheur ;
Nous sommes tous malheureux et mortels,
Et Dieu châtie celui que bien il aime.

Si le méchant pour un temps prospère,
Homme de bien, ne t'en étonne pas ;
Attends un peu, à la fin tu verras,
Qu'à tout méchant richesse ne profitte.

LAS ABENTURES DE BERTOUMIÜ. (*)

Counte.

Are qui lous millocs soun touts espéroucats,
Lous chins pourtats au grèè, lous grans amatachats,
Qui prou s'abet à touts heyt béde las estelles
En sé yétan cabeilhs, en cluquan las candelles,
Qué débat la péroque éns abet estouffats,
Et quip' est, diü mercé, prou loung-tems amusats
A *Moussu lou Curè*, tout coum *à la Balaine*,
Aü *Passe-sabarcot*, oün Yan et Madelaine
An tan récébut tructs; qui s'em estramousits
Dab touts lous loup-garous qui bous abet aüssits;
Quis-abet dit quoans cops à bous aüts las sourcières
Eb péchican lous sés tournan de las barguères,

(*) L'auteur de ce Conte a moins cherché dans son sujet à avoir le mérite de l'invention qu'à tracer un cadre dans lequel il pût faire entrer quelques traits des mœurs, des usages et des croyances des habitans de la campagne, en employant les expressions dont ils se servent habituellement. C'est pour jeter un peu de variété dans cette esquisse qu'il a peint quelques scènes de la ville, à une autre époque, en en mettant le récit dans la bouche d'un paysan.

LES AVENTURES DE BERTOUMIEU.

Conte.

Maintenant que les millocs sont tous dépouillés
Les petits portés au grenier et les grands noués en paquets,
Que vous nous avez à tous assez fait voir les étoiles
En nous jettant des épis, en éteignant les chandelles,
Que dessous la dépouille vous nous avez étouffés
Et que vous vous êtes, Dieu merci, assez long-temps amusés
A *Monsieur le Curé*, tout comme à *la Baleine*,
A *Passe-la-Savatte*, où Jean et Madeleine,
Ont reçu tant de coups ; que vous nous avez effrayés
Avec tous les loups-garous que vous avez occis,
Que vous nous avez dit combien de fois les sorcières
Vous pincèrent le soir revenant des *Barguères* (*),

(*) Teillage du lin.

Qu'eb bouy counta l'amou tout ço qu'im hé souffri,
Quin léchey lous de cazo, et ço qu'im apari.
Aüdit moun paraülis en cracan la castagne;
Qué beyrat qu'en moun tems qu'em ey plà bist magagne.
Bous, gouyates, sustout, sapiat-pé tienne chouaüs:
Qué baü prené d'abord l'histoire de la caüs.

Qu'abet touts counégut ma défunte *Michelle*;
Qué hésè seüs setze ans ûe fière femelle.
Qu'abè l'air prouhazen et l'oueilh bien esbérit,
Fresque tout coum l'arrous, et nété coum l'ardit.
Bésis, à tout moumen, nous aüts qu'és trébucabem,
Et drin, pressats ou nou, toustem qu'és pleyteyabem.
Tà plà, tan debisem, et hem lusi l'arnaüt
Que balleü qu'és troubèm amourous l'û de l'aüt.
Hens aquet tems, gouarat, hà l'amou peü bilatye
N'ère pas tà troumpa, més per lou maridatye;
Qu'és bouloum amassas. U só qui'y-èrem touts
Aüs mes parens pensey pouden touca dûs mouts.
Pay, aü noum de *Michelle*, en m'enségnan la herre,
Qué l'am boute d'abord hère plus bach qué terre;
Qu'ère aço, qu'ère aco : en dûs mouts, bédet bous,
N'abè pas fort dinès; pay, lous ayan unglous,
Bère riche hérétère aüré boulut tà nore :
Michelle èrc caddette; eth d'em mette déhore,
Sin èrc mey parlat, qu'em gaüza miassa.
Aquets mouts, qu'at pensat, qu'em hen arreguinna :
Mès pay, quoan lou bouli remeté sus l'artigle,
Qu'és tournabe emmali coum lou pet deü périgle.
Qué m'en aney t'aü lheyt, nouy pouden tienne mey;
Més nou poudi droumi, tan me troubabi gouey.

Je veux vous raconter tout ce que l'amour me fit souffrir,
Comment je quittai ceux de chez moi et ce qui m'advînt;
Ecoutez mon bavardage en croquant la châtaigne
Vous verrez qu'en mon temps je me vis bien des soucis
Vous, jeunes filles, surtout, sachez être silencieuses ;
Je vais prendre d'abord l'histoire à son commencement.

Vous avez tous connu ma défunte Michelle,
Elle faisait à seize ans une belle femelle,
Elle avait l'air gracieux et l'œil éveillé,
Fraîche comme la rosée et propre comme un liard.
Voisins, à tous moment, nous nous heurtions
Et pressés ou non toujours nous nous parlions.
Si bien nous causâmes, si bien nous fîmes jouer la prunelle,
Que bientôt nous nous trouvâmes amoureux l'un de l'autre.
Dans ce temps, voyez-vous, faire l'amour au village
Ce n'était pas pour tromper, mais pour le mariage,
Nous voulûmes nous unir. — Un soir que nous étions réunis
A mes parents je pensai pouvoir en toucher deux mots.
Mon père, au nom de Michelle, en me montrant les dents
Me la met d'abord beaucoup plus bas que terre ;
Elle était ceci, elle était cela ; en deux mots, voyez-vous,
Elle n'avait guère d'argent ; mon père l'ayant fort serré,
Une riche héritière aurait voulu pour belle-fille,
Michelle était cadette ; lui de me mettre dehors
S'il en était plus parlé, osa me menacer.
Ces mots, vous le pensez, me firent regimber,
Mais mon père quand je voulais le remettre sur l'article
Éclatait de nouveau comme un coup de tonnerre.
J'allai me mettre au lit, ne pouvant plus y tenir
Mais je ne pouvais dormir, tant j'étais triste,

Qu'em sentibi lou cap brouni coum la campane.
A Michelle, labets, tan ma peine èro grane,
Nou gaüzabi pensa ; car, maügré moun amou,
Lou mounde qu'em semblable en trubès d'ére et you.
Ço quim abè dit pay qu'em barabe à la teste ;
Qu'èri soulet à caze et qu'em y crédi meste.
« Qu'em boü hica déhore, eh dounc you qué m'en baü :
» Si noum tiri d'ahas qu'ey abéra plà maü,
» Et pay taü bé chens you qué beyra qu'in s'y bire. »
Biste coum l'eslambrec qu'estouy de pés détire.
Ma harde arrécaptey déhens û moucadou ;
Qu'em gahey lous souliès, lou berret, lou bastou,
Lou drin deüs arditots aü houns de la tirette ;
Puch, tout chouaü, qué prengouy la poudre descampette.
En passan lou pourtaü, lou cô qué s'em sarra ;
Més qué gahèy lou hort, tà noum arrébira.
Après m'esta seignat, qué party coum la brume
Capsus lou caminaü ; puch, d'après ma coustume,
Qu'em tirey lous souliès tà mieilhe escarpina,
Et qu'èri bèt tros loueing quoan lou sou sé lhéba :
Gouayre noum arrestèy dé toute la yournade,
Et, sus bouque de noueyt, à Paü hey moun entrade.
Qué demandey d'abord aüberye ou cabaret,
Quaüqu'û quem amucha décap à l'*Estanguet*. (*)
Qu'ey baü : N'estant yamey sourtit de moun bilatye,
Quoan pensey û chiquet, aü miey dequet tapatye,
A Michelle, aüs de caze, à quaüque aüte paren,
A ço qui touts hazèn, et, qu'aü médich moumen,

(*) Cabaret jadis renommé.

Je sentais ma tête bourdonner comme une cloche
A Michelle, dans ce moment, tant ma peine était grande,
Je n'osais penser, car, malgré mon amour,
Le monde me semblait en travers de nous deux.
Ce que m'avait dit mon père me trottait dans la tête ;
J'étais seul à la maison et je m'y croyais maître.
« Il veut me mettre dehors, eh bien! moi je m'en vais
» Si je ne me tire d'affaire, il y aura bien du mal
» Et père, pour le bien, sans moi verra comment il s'en tire »
Prompt comme l'éclair, je fus sur pied aussitôt ;
J'arrangeai ma harde dans un mouchoir,
Je pris mes souliers, mon berret, mon bâton,
Le peu d'argent que j'avais au fond du tiroir,
Puis doucement je pris la poudre d'escampette.
En passant le portail, mon cœur se resserra ;
Mais je me raffermis, pour ne pas rebrousser,
Après un signe de croix, je m'acheminai comme la brume
Sur la grande route ; puis, suivant ma coutume,
Je tirai mes souliers pour mieux détaler
Et j'étais déjà bien loin quand le soleil se leva.
Je ne m'arrêtai guère de toute la journée,
Et à l'entrée de la nuit à Pau je fis mon entrée.
Je demandai d'abord auberge ou cabaret
Quelqu'un m'indiqua celui de l'*Estanguet*,
J'y vais : n'étant jamais sorti de mon village,
Quand je pensai un peu au milieu de ce tapage,
A Michelle, à ceux de la maison, à quelqu'autre parent,
A ce que tous faisaient, et qu'au même moment,

Nou bédi qu'estranyès, hères briacs coum chipes,
En tà nou pas ploura débouy ha deü cô tripes.
Qu'em aney mette aü pleg ; mès nou poudouy droumi
D'û gran chiquet : après, fatiguat deü cami,
Qué cluquey la perpére, et qu'ère plà haüt die
Quoan la tourney aübri. — Sourtin dé la parguie,
Q'aney courré la bille ; estounat, à tout pâs,
Dé bedé tan dé yens, dé maysous et d'atràs ;
Mounde à pè, sus chibaüs, en pourturs, en boiture,
Dé tout reng, toute peilhe et dé toute figure.
Saüpiçats dé harie, û hardeü de barbès
Coubriben la carrère et courrèn coum lébrès ;
Capéràs, pénitens, enterran lous counfrayres,
Bayles, marchands, sourdats, mounyés, oubrès, estayres,
Las yens deü Parlemen partiben taü Palays,
Cadu hens soun carrosse et darré lous laquays.
Proucururs, aboucats, dab de granes raübioles,
Qu'ey anaben à pè, carcats dé papéroles.
Qu'èri tout die à courre et capbat et capsus ;
Qu'ère aco mouns plasés. — U sé qu'en abouy plus :
Qu'eb enténi gran brut ; aüta-leü qué débary
Dé dessus lou soulè : qu'eb bey û caillabary
Qui hézèn près de caze. — Oh ! qu'estou doüs famous !
Qu'ey bedèn tambouris, cors de casse, briülous ;
U théatre y'abè, coum tà las pastouràles ;
Countre lous maridats qu'en y disèn dé mâles,
Et toustem en bersets, arrépouès ou cansous.
Nou sçey doùn at poudèn tirat aquets garçous !
Dé Paü tout sé las yens aquiü se rassemblaben,
Et, quoan lous enténèn d'arridé s'estouffaben.

Je ne voyais que des étrangers, plusieurs sous comme des grives
Pour ne pas pleurer, je dûs faire du cœur avec les boyaux,
J'allai me mettre au lit, mais je ne pus dormir
D'assez long-temps ; ensuite, fatigué de la route
Je fermai la paupière, et il était grand jour
Quand je la rouvris. En sortant de la bassecour
J'allai courir la ville, étonné, à tout pas,
De voir tant de gens, de maisons, d'embarras,
Monde à pied, à cheval, en porteurs, en voiture,
De tout rang, toute harde, et de toute figure.
Saupoudrés de farine, une foule de barbiers,
Couvraient toute la rue, courant comme des levriers ;
Prêtres et pénitents, enterrant leurs confrères,
Huissiers, marchands, soldats, moines, ouvriers, flâneurs ;
Les gens du Parlement s'en allaient au Palais,
Chacun dans son carrosse, derrière les laquais ;
Procureurs, avocats, avec leurs grandes robes,
S'y en allaient à pied, chargés de paperasses,
J'étais tous les jours à courir et par haut et par bas ;
C'étaient là mes plaisirs. — Un soir j'en eus bien plus ;
J'entendis un grand bruit ; aussitôt je descends,
De l'étage supérieur ; je vois un charivari
Qu'on faisait près de chez nous. — Oh ! il fut des fameux ;
On y voyait des tambourins, cors de chasse, violons,
Il y avait aussi un théâtre comme pour les pastorales
Contre les mariés on en disait de crues
Et toujours en vers, proverbes et chansons ;
Je ne sais d'où pouvaient tirer cela ces garçons !
De Pau les gens tous les soirs là se rassemblaient
Et en les entendant de rire on étouffait,

Per cops lou *Ranquinot* (*) bienè taüs insulta ;
Més tan lou ne disèn qu'és tournabe estuya.
Nou manquabi nad sé dé troubam à taü hèste ;
Més pourtan l'enquiétè qu'em barabe à la tèste.
Plà qui n'oussi minyat ortolans ni perdits,
You by qué, chic à chic, partiben mouns ardits ;
Qué leü s'em touqueren las téles de la bourse ;
Quoan passe û Racoulur. — Qu'em dic qu'ey ma ressource,
Baü mey gouarda lou Rey qué gouarda lou mayram.
Qu'eb ségui, lou cap dret, aü pas lou lou ran-tam-plam,
Tà m'anam enroulla ; quoan aü miey de la Bille,
Pé baü trouba *Guilhem*, aquet qui *Fondebille*
Déhens sa pastourale a tà plà heyt parla.
Qué bienè dé la guerre ; eth qué t'em racounta
Ço qui l'èrc arribat, tout coum ey hens lou libe ;
Qué by qué lou sourdat qu'abè fort de maü-bibe,
Antertan qu'aü coumbat eth troubesse la mourt.
You quittey lou tabard et qu'em birey tout court.
Tan bébé cengles mieys qu'entrem à la taberne ;
« Baü mey d'esta, dits l'aüt, aci qu'à la cazerne.
» Qu'aymi mey lou laüré qui muche by deü bou
» Qué tout lou qu'im disèn qu'és trobe au cam d'aünou. »
Puch qu'és desséparem. — Quoan rentrey, l'auberyiste,
Qui s'ère appercebut dé ço qu'im rendé triste,
Enço d'ù gran Moussu m'aüfri d'entra laquay.
Gnaüt' cop m'aüré fachat, més labets qu'em hé gay.
Qu'ey bam : qu'és coumbienem. Taüs gatyés, taü serbici

Qué réglem tout, et puch qu'entrey en exercici.

_____

(*) L'homme à qui l'on fait charivari.

Parfois le *Ranquinot* venait les insulter,
Mais on lui en disait tant qu'il devait se cacher.
Je ne manquais aucun soir de me trouver à telle fête,
Mais pourtant l'inquiétude me trottait dans la tête.
Bien que je n'eusse mangé ni ortolans ni perdrix,
Je vis que peu à peu s'en allait mon argent,
Que bientôt se toucheraient les toiles de ma bourse,
Quand passe un Raccoleur. — Je me dis c'est ma ressource,
Vaut mieux garder le Roi que garder le bétail.
Je suivais, la tête droite, au pas de ran-tam-plan,
Pour aller m'enrôler ; quand au milieu de la ville,
Je vous trouve *Guilhem* ; celui que Fondeville
Dans sa pastorale a si bien fait parler,
Il venait de la guerre ; il me raconta
Ce qui lui était arrivé, tout comme c'est dans le livre ;
Je vis que le soldat avait grand'peine à vivre,
En attendant qu'au combat il rencontrât la mort.
Je quittai le tambour et me tournai tout court.
Pour boire demi pinton nous entrâmes à la taverne ;
« Il vaut mieux, dit l'autre, d'être ici qu'à la caserne ;
» J'aime mieux le laurier qui indique le bon vin
» Que tout celui qu'on trouve au champ d'honneur. »
Puis, nous nous séparâmes. — Quand je rentrai, l'aubergiste,
Qui s'était aperçu de ce qui me rendait triste,
Chez un grand monsieur m'offrit d'entrer laquais,
Une autre fois cela m'eût fâché, mais alors ça me fit plaisir,
Nous y allons ; nous tombons d'accord. Pour les gages, pour
                                             [le service
Nous règlons tout, puis j'entrai en exercice.

Moussu, gran camarlè, magras, escalancit,
Qn'ère peü roux, mus sec, grimassous, esblasit.
Bou diable, més grandous, fier de sa parentailhe
Et pensan qu'auprès d'eth tout n'ère qué canailhe.
Qu'abè serbit lou Rey bint ans coum oufficiè.
Yamey noü mentabén qué *Moussoü Chibaliè*.
Toustem calat, coueyfat, en camise plissade,
Nou seré pas anat taü pribat cheus l'espade.
You soy à darroun heyt, eth qu'ère û long hailla :
Toutu soun bieil habit, la fé, t'em argança.
Pardius ! il te va bien, digou d'abord lou meste.
Per loung qu'eü nabi prou, més larye pas de reste,
Et, coum bère balestre em tiéni tout bandat.
D'û chapeü cournalut eth qu'em boulou coueyfat.
Qu'em enbesquen lou peü dab greich et dab haric,
Et puch qu'eü me troussen dab flouret. — Aüt' houlie,
Moussu noum boulou pas lou noum dé *Bertoumiü*.
Qu'em appéra *Saint-Yean*, coum l'amic deü Boun-Diü.
Baylet-dé-crampe estou labets ma titulade,
Puch dé parla francés qu'em bailla la courbade.
A tout mout qui disi qu'em semblabe arnéga,
Et qu'im aüdi, perdou l'enbéye dé ploura.
Moun tribailh qu'ère arré. La crampe qu'arranyabi,
La peilhe et lous souliès tout mati nétéyabi ;
Tout die, aü sou lhebat, courri coueilhe û paycot,
Puch û gran tarras d'aygue. Aquiü qu'abèm l'escot,
Dab soupe et drin dé carn. Quoan n'abè prés lou meste
Entà you, gouarat bous, nou y'abè pas gran reste,
Après pà tout eschuc, encouère dé bèt tailh ;
E bouli mascadure, aquiü, tiet qu'ère l'ailh.

Monsieur, grand échassier, maigre, défait,
Avait le poil roux ; visage sec, grimacier, flétri,
Bon diable, mais vaniteux, fier de son parentage
Et pensant qu'auprès de lui tout n'était que canaille ;
Il avait servi le Roi vingt ans comme officier,
Jamais on ne l'appelait que *Monsieur le Chévalier.*
Toujours soigné, coiffé, en chemise plissée,
Il ne serait pas allé aux lieux sans l'épée.
Moi je suis un peu replet, lui était long comme une perche,
Malgré cela, de son vieil habit, ma foi, il m'affubla.
Pardieu ! il te va bien, dit aussitôt le maître.
Pour long il l'était assez, mais large pas de reste ;
Et comme un arc, il fallait me tenir tout bandé.
D'un chapeau à corne il me voulut coiffé.
On m'englua les cheveux avec de la graisse et de la farine,
Et puis on me les troussa avec un ruban. — Autre folie,
Monsieur ne me voulut pas le nom de Berthoumieu,
Il m'appela Saint-Jean comme l'ami du Bon-Dieu.
Valet de chambre fut alors mon titre,
Puis de parler français il m'imposa la corvée,
A chaque mot que je prononçais il me semblait jurer,
Et celui qui m'entendit n'eut pas envie de pleurer.
Mon travail n'était rien. La chambre j'arrangeais,
Les habits et les souliers chaque matin je nétoyais.
Tous les jours, au soleil levé, j'allais chercher un petit pain,
Puis une grande cruche d'eau. Là était notre écot
Avec la soupe et un peu de viande. Quand le maître en avait pris
Pour moi, voyez-vous, il n'y avait pas grand reste.
Après cela du pain tout sec, encore un petit morceau,
Demandai-je autre chose, là était la difficulté.

Quoan moussu bien souben anabe en coumpagnie,
Qu'eü séguibi darrè, la noueyt, tout coum lou die;
Hens la crampe d'entra qu'éri tout coum bèt fray
Dab madame la gouye et moussu lou laquay.
Coumbidaben lou meste à quaüque grane taüle ?
Qué proumeté toustem et qué tienné paraüle.
Darrè dé sa cadière eth qu'em hazé boutà
Taü hà carca l'assiette et daü grans tros dé pà.

A peine lous moussus dé taüle se lhébaben
Qu'aüta-leü lous laquays à disna qu'es boutaben;
Qu'es yétaben soüs plats, aquiü, coum aganits,
Et lous micilles boussis qu'èren biste engoulits.
Quoan abèm plà bébut et minyat touts lous restes,
Diü sab dé quine estoffe abilhabem lous mestes,
Se bantan quin à taüle esleyen plats d'eüs bous,
Boutillan by coumu tà gouarda l'aüt' tà nous.
Ousse calut soupà nou y aüri troubat bies,
Car hési coum lous loups, minyabi per trés dies.
Tam dà souben taü gay noum aymabe prou Diü,
Et taüs disnas dé caze èry you trop boueytiü.
Lou meste qu'em disè, quoan graylaby misère :
De quoi te plains-tu donc, que tu n'as rien à faire ?
Qu'aüri boulut labets poudé hà tout coum ouey,
Tribailha bèt drin plus et minya bèt drin mey.
Si bouli la soutade : *Il est dans mes usages*
De ne jamais payer qu'au bout de l'an des gages.
Quoan entenouy aco, détire qu'eü quittey,
Dé poü qué *Marterou* n'arribesse yamey.
Qu'eü léchey soun habit tà reprenè ma beste,

Quand Monsieur bien souvent allait en compagnie
Je marchais derrière lui, la nuit comme le jour.
Dans l'antichambre j'étais tout comme un frère
Avec Madame la servante et Monsieur le laquais.
Invitait-on le maître à quelque grande table?
Il promettait toujours et tenait sa parole.
Derrière sa chaise il me faisait placer
Pour lui faire charger l'assiette et lui donner de gros mor-
[ceaux de pain.
A peine les Messieurs se levaient-ils de table
Qu'aussitôt les laquais se mettaient à dîner ;
Ils se jettaient sur les plats comme des affamés,
Et les meilleurs morceaux étaient vite engloutis.
Quand nous avions bien bu et mangé tous les restes,
Dieu sait de quelle étoffe nous habillions les maîtres,
Nous vantant comment à table nous choisissions les bons plats,
Versant du vin d'ordinaire, gardant le bon pour nous.
Eut-il fallu souper je n'y aurai pas trouvé de possibilité,
Car je fesais comme les loups, je mangeais pour trois jours.
Pour me donner semblable joie Dieu ne m'aimait pas assez,
Et pour les dînés de la maison je digérais trop vite ;
Le maître me disait quand je criais misère :
De quoi te plains-tu donc, que tu n'as rien à faire ?
J'aurai voulu pour lors pouvoir comme aujourd'hui
Travailler un peu plus et manger plus aussi.
Si je voulais être payé : « *Il est dans mes usages,*
De ne jamais payer qu'au bout de l'an des gages.
Quand j'entendis cela, aussitôt je le quittai,
De peur que la Toussaint n'arrivât jamais.
Je lui laissai son habit pour reprendre ma veste,

Et dap plazé tourney lou berret sus ma teste.
Me sentin lou bourrou sarrat coum à l'estoc,
Enço de l'*Estanguet* qu'eü m'aney mette à loc.
Aü tabernè digouy toute moun abenture,
Quoans cops aürï boulut broye ou lard dab mesture.
« Puch qué t'an heyt pâti, s'im dits, quet bouy plaçat
» Enço d'û gnaute meste oün pousques réparat.
» Qu'ey *Abbè prébendat*; qué hè fort boune chère;
» Qu'es youen, qué plazeras biste à sa cousinère,
» Ço qui hè lou gran pun, car qu'ey plus daüne qu'eth.
» Qu'ey seras plà si bos. » Qué s'en y bam tout dret.
Yaüna qu'abè l'air heyt, més bèroye Basquette,
Brune, l'oueilh dous et biü, fresque et drin grassoutète.
Moun homi quoate mouts en bascou qu'eü digou.
Ere qu'em espia drin et qué s'en arrigou.
Après qué débisem. — Moussu disè l'aüfici.
Quoan abou heyt, à d'éth qu'em offrin tà serbici.
Digou qué d'û baylet qu'es poudè fort passa.
Yaüna, d'û toun cali, respoun : « Qu'em hèt trembla
» Cade cop qui sourtit, et qué soy cap pergude,
» De poü qu'ep det nat truc, ou het qu'aüque cadude,

» D'are en-là, qué bouy dounc qué tiengat û garçou,
» T'ap ségui quoan lou sé bat tà quaüque maysou.

» Lou mati tà la gleyse ou tà la prouménade:
» Et puch you per déhens bouy esta drin aydade. »
— « *Pren-lou, migue*, respoun, *siü sabs garçou coum caü.* »

Per lou sartou d'abord qu'em hen besti dé naü.
Qu'aydabi per déhens; aütemen quoan sourtibe

Et avec plaisir je remis le berret sur ma tête.
Me sentant l'estomac serré comme dans un étau,
Je m'en allai à l'*Estanguet* pour le remettre à sa place.
Au Cabaretier je contai toute mon aventure,
Combien de fois j'aurais voulu avoir broye, ou lard, ou méture.
« Puisqu'on t'a fait pâtir, me dit-il, je veux te placer
» Chez un autre maître où tu puisses te réparer ;
» C'est un *Abbé prébendé* ; il fait fort bonne chère ;
» Tu es jeune, tu plairas bien vite à sa cuisinière,
» Ce qui est le point essentiel, car elle est plus maîtresse que lui ;
» Tu y seras bien si tu veux. » Nous y allons tout droit ;
Yauna avait l'air formé, mais jolie Basquaise,
Brune, à l'œil doux et vif, fraîche et un peu grassouillette ;
Mon homme lui dit quatre mots en basque ;
Elle me regarda un peu et se mit à sourire,
Ensuite nous parlâmes. — Monsieur disait l'office ;
Quand il eut achevé, on m'offrit à lui pour serviteur ;
Il dit que d'un valet il pourrait fort bien se passer,
Yauna, d'un ton calin répond : « Vous me faites trembler
» Chaque fois que vous sortez j'ai la tête perdue,
» De crainte que vous vous donniez quelque coup ou que vous
[fassiez quelque chute ;
» Désormais je veux que vous ayez un valet
» Pour vous accompagner quand vous allez le soir dans quel-
[que maison,
» Le matin à l'église ou à la promenade,
» Et puis, moi, dans l'intérieur j'ai besoin d'être un peu aidée. »
— « Prends-le donc, répond-il, si tu le sais garçon comme il faut.

Par le tailleur d'abord on me fit vêtir de neuf ;
J'aidais par dedans ; autrement quand il sortait

Qué seguibi Moussu : qu'ère de tard-arribe.
L'û deban l'aüte, à peine eth que mettè lous pès.
Qué crédi dab lous hers bédé lous présounès.
Qu'abè l'air tripe-hart, la came farcimouse,
Patut, tout cot hicat, et la care minouse.
A caze qu'ère prim, senticous, rédoulic,
Lauzenquè, mate-sébe, emberry, fort bernic;
Més en partide aço qué biennè dé soun atye,
Car qu'ère braboulas. — *Yaüna*, coum û maynatye,
Calè qué l'aninesse et qu'abousse soueing d'eth.
Ere inquiet? — Qu'es fachabe en tau hà marcha dret.
Labets qué badè dous per lou reste d'eü die.
Moun bieilh ère entécat dé caüque malaüdie
Quoan calè minya magre, ou demoura déyu;
Mès quoan ère ataülat noun ère diable l'û.
Qu'èrem naürits coum Reys dap ço qu'is desserbibe,
Et, Diü sab, dab quin soueing *Yaüna* m'engourmentibe.
Qu'em caressabe tan, dab l'air tan amistous,
Qué you, praübe innoucen ! n'éri tout bergougnous.
. . . .
Ma basquette en tà you qu'ère tà plà pourtade.
Qu'en tirabi tout die ou péchic ou pélade.
Qué n'inbentabe pas tàm prouba soun amou?
Dab péne qué bedi qu'en sabè mey qué you.
L'enrugglade, aütà leü qui lou meste arribabe
Qu'em prenè l'air eschuc; per arré qu'em cridabe :
Qu'em apérabe estros, péressous, adroumit,
Tan qué lou capéra qué prené moun partit.
U sé, lou praübe d'eth, qu'abè soupat déhore:
Qu'ère per carnabal. Qu'es coucha sus l'üe hore.

J'accompagnais Monsieur; il était un peu lourd,
L'un devant l'autre à peine il mettait les pieds,
Je croyais avec les fers voir les prisonniers,
Il avait le ventre gros, la jambe engorgée,
Pesant, le col court, la figure grimacière.
Chez lui il était méticuleux, susceptible, frileux,
Musard, rebours, inquiet, emporté, minutieux,
Mais en partie cela provenait de son âge,
Car il était bon diable. — *Yaüna* comme un enfant,
Devait le dorloter et avoir soin de lui.
Était-il inquiet? — elle se fâchait pour le faire marcher droit,
Alors il devenait doux pour le reste de la journée;
Mon viellard se sentait attaqué de quelque maladie
Quand il fallait manger maigre ou rester à jeun,
Mais une fois attablé, du diable s'il l'était du tout.
Nous étions nourris comme des rois avec la desserte,
Et Dieu sait avec quels soins *Yauna* m'accablait de friandises;
Elle me caressait tant, d'un air si amical,
Que moi, pauvre innocent, j'en étais tout honteux;
. . . .
Ma Basquaise était pour moi si bien portée
Que j'en obtenais toujours mille douceurs.
Que n'inventait-elle pas pour me prouver son amour?
Avec peine je voyais qu'elle en savait plus que moi.
La fine mouche, aussitôt que le maître arrivait,
Elle prenait un air sec, et me grondait pour rien:
Elle m'appelait endormi, maladroit, paresseux,
Si bien que l'abbé prenait mon parti.
Un soir pauvre de lui, après avoir soupé en ville
C'était en Carnaval. Il se coucha vers une heure

Qu'es sentibe encroucat, pourtan qué s'adroumi;
Coum bouhabe la noueyt aütà hort qu'û barqui,
N'audin arré, *Yaüna* qu'ey bà; praübe gouyatte!
Qu'eü pé trobe tout red, nou boutyan pè ni patte;
Cride biahore-horce; et you courri près d'eth;
Qu'eü trobi tout d'û tros, quoan lou bouy mette dret.
Qué courri taü barbè qu'es biengue das ayude.
Qu'eü sanne aü bras, aü cot, més lou sang qué nous müde;
Qué dits : *aquet qu'ey mourt*. — Puch, coum û cà lébré
Qué s'assaübe aütà leü. — Chens lou courre aü darrè,
Yaüna qué s'amanéye à tira ta déhore
Tout ço qui préten sou. — Diü qué sab à quine ore
Aberti lous parens. — Qu'eü hen biste enterra.
Puch ma frise em digou qu'em calè l'espousa :
Plus-lheü dé serbi mey qu'aymabe minya mique;
Et d'ailhous qu'es boulé tiras de la critique.
Débouy suppourta crits, arnéguets, plous, esglàs
Quoan lou digouy estrouch, qué nou la bouli pas.
Q'abè milles et tout; més qu'ère trop yalouse,
Enrugglade, trop daüne et beilheu drin trop prouse.

Hurousemen labets qu'ep bey arriba pay,
Qui bienè tàm cerca. — Qué pensat s'im hé gay
Quoan m'ayan drin cridat dessus moun escapade,
Em digou quin *Michelle* é s'en ère affliyade;
Quin eth, dé soun coustat, toucat de nouste amou,
A souns parens l'abè demandade tà you :
N'aby qu'à l'espousa. — Qué s'apléguem tà caze.
Dé la bountat de pay qu'èry tout en extaze,
Dinqu'à ço qui sabouy qu'aütà-leü you partit,

Il se sentait tout pris. Pourtant il s'endormit,
Comme il soufflait la nuit aussi fort qu'un soufflet de forge,
Yauna n'entendant rien va à lui ; la pauvre fille !
Le trouve tout froid, ne bougeant ni pied ni patte ;
Elle pousse des cris, je m'empresse d'accourir,
Je le trouve tout d'une pièce quand je veux le soulever.
Je vais chercher le barbier pour qu'il vienne à notre aide ;
Il le saigne au bras, au col, mais le sang ne jaillit pas.
Celui-là est mort, dit-il, puis comme un chien lévrier
Il se sauve aussitôt. — Sans lui courir après,
Yauna se hâte de tirer dehors
Tout ce qu'elle prétend lui appartenir ; Dieu sait à quelle heure
Elle avertit les parents. — On le fit vite enterrer,
Puis la donzelle me dit qu'il fallait l'épouser ;
Plutôt que de servir encore, elle préférait manger de la miche,
Et d'ailleurs elle voulait se tirer de la critique.
Je dus supporter cris, jurements, pleurs, évanouissements
Quand je lui dis tout net que je ne la voulais pas,
Elle avait des milliers et de tout ; mais elle était trop jalouse,
Endiablée, trop maîtresse et peut-être un peu trop facile.

Heureusement qu'alors je vis arriver mon père
Qui venait me chercher. Vous pensez si cela me fit plaisir ;
Après m'avoir un peu grondé sur mon escapade,
Il me dit que Michelle s'en était fort affligée ;
Comment lui, de son côté, touché de notre amour,
A ses parents l'avait demandée pour moi ;
Je n'avais qu'à l'épouser. — Nous revînmes au logis ;
De la bonté de mon père j'étais tout en extase,
Lorsque j'appris que depuis que j'étais parti

Dé *Michelle* lou fray s'ère fort alenguit.
Qué badou seq coum l'esque et mey bert qué la yeyre ;
Arré noü soulatyan, toustem red coum la peyre,
Qué hén ana lou brut qu'es ère escoulerat,
Mès d'aütes qué disèn qu'aco qu'ère û maü dat.
Qu'eü mien tà Betharam, Piétat, Sainte-Quittéry,
Qu'eü préganden et tout, mès triste yupitéry.
Nou hen lou bou remèdi, ou Diü l'abè mercat ;
Qu'es mouri quoan abou bèt drin calanquéyat.
Michelle, per sa mourt, qu'es trouba l'hérétère,
Et labets, en tà nore, à pay coumbiengou hère.
Cazes-bistes qué hey tà leü qui houy tournat.
A l'amigue digouy ço qu'im ère arribat ;
Soulamen dé *Yaüna* qu'aügmentey bèt drin l'atye,
Qué la bey rébouhièque et d'û fort lè bisatye.
Enfin, lou doü finit, qué poudoum espousa.
Bère qu'estou la nouce et loung-tems s'en parla :
Touts floucats, naü-bestits, lou berret sus l'aüreille,
Deban lous Talamès cadu dab sa bouteille,
Hazèn bébé la yen qui bedèm soü camy,
Tà dé nouste bounhur hà cadu ressenty.
Touts hézèn ûs hillets plus horts qué dé coustume,
Lous cops dé pistoulet partiben coum la brume.
Qué cantabem, Diü sab ! et puch lous tambouris
Qué yougaben lous airs, cadu sus soun utis.
Dab sa nouce, arriba tabé la maridade ;
Cade gouyate abè sa cournette empésade,
Sa peille la plus nabe et l'Iranye aü bouquet.
Toutes dessus lous pots qu'abèn l'arrisoulet.

Le frère de Michelle était tombé en langueur ;
Il devint sec comme du bois et verd comme du lierre ;
Rien ne le soulageait, toujours froid comme la pierre,
On fit courir le bruit qu'il avait pris un effort,
Mais d'autres disaient que c'était un mal donné.
On le mena à Betharram, Piétat, Sainte-Quitterye ;
On lui fit des prières de toute sorte, mais rien ne réussit,
On ne trouva pas le bon remède, ou plutôt Dieu l'avait marqué ;
Il mourut après avoir langui pendant quelque temps.
Michelle, par sa mort, se trouva l'héritière,
Et dès-lors, pour sa bru, à mon père elle convenait fort.
Vues faites, aussitôt que je fus de retour.
A mon amie je racontai ce qui m'était arrivé ;
Seulement de Yauna j'augmentai un peu l'âge,
Je la peignis revêche et d'un fort laid visage.
Enfin le deuil fini nous pûmes nous marier ;
La noce fut superbe et longtemps on en parla ;
Tous bouquetés, vêtus de neuf, le berret sur l'oreille,
Devant les Talamés (*) chacun avec sa bouteille,
Faisait boire les gens qui se trouvaient sur le chemin,
Afin que chacun se ressentit de notre bonheur,
Tous poussaient des cris de joie plus forts que de coutume ;
Les coups de pistolets partaient comme la brume.
Ils chantaient Dieu sait, et puis les tambourins
Jouaient leurs airs chacun sur son instrument.
Avec sa noce, arriva bientôt la mariée,
Chaque fille avait la cornette empesée,
Ses habits les plus neufs et l'orange au bouquet,
Toutes avaient le sourire sur les lèvres ;

(*) Garçons de la noce.

Cadu hézè perpits à quaüque fresque toye,
Mès dé toutes *Michelle* ère la plus beroye.
Espouzats, cade nouce, à part, qu'ana disna.
Puch la noby m'amien, et qué biengoun dansa.
Qué béboum by boussat, minyem pastis et crême,
Après s'anen coucha. — Nous qu'en bam hà de même ;
Mès aban d'es quitta, souhetta you qu'ep bouy
Ue aüta boune noueyt coum labéts é l'abouy.

E. Picot.

Chacun faisait des agaceries à quelque fraîche jouvencelle ;
Mais Michelle de toutes était la plus jolie.
Après la cérémonie, chaque noce alla dîner de son côté,
Puis on m'emmena la mariée, et nous allâmes danser ;
Nous bûmes du vin bouché, nous mangeâmes pâtés et crêmes ;
Après nous allâmes nous coucher; nous allons en faire de même,
Mais avant de nous séparer, je veux vous souhaiter
Une aussi bonne nuit que celle que j'eus alors.

E. Picot.

A THÉOPHILE BORDEU.

Stences.

Despuch l'ù, dinqu'à l'aüte Pôle,
Deüs homis qu'êt lou bienfaitou :
Tabé, boste renoum qué bole
Pertout oùn arraye lou sou.

Lous Frédérics et lous Maüricis,
Pertout saben tout hà péri :
Et bous, Hillot, noustes délicis,
Pertout qué sabet tout goâri.

Glourious destructous deü mounde,
Pertout la mourt eths qu'an pourtat :
Et bous, qué pourtat à la rounde,
L'amou, la bito, la santat.

Pertout, om qu'ep admire hère,
Om qu'ep bante, om qu'ep applaudech ;
Acy, qué hen bien micille encouère,
Tout lou mounde qué p'y cherech.

A THÉOPHILE BORDEU.

Stances.

Depuis l'un jusqu'à l'autre pôle,
Des hommes vous êtes le bienfaiteur ;
Aussi votre renom vole
Partout où luit le soleil.

Les Frédérics et les Maurices
Partout savent tout faire périr ;
Et vous, cher fils, nos délices,
Partout vous savez tout guérir.

Glorieux destructeurs du monde,
Partout la mort ils ont porté ;
Et vous, vous portez à la ronde
L'amour, la vie et la santé.

Partout on vous admire beaucoup,
On vous vante, on vous applaudit ;
Ici, l'on fait bien mieux encore,
Tout le monde vous y chérit.

Tout lou Béarn qu'és glorifie
D'eb abé per hilh, per amic,
Coum dé *Marca*, coum d'*Abadie*
Et coum dé nouste GRAN HENRIC.

Demourats..... qué nou'm boulet crède,
Per hère qué nous p'en préguem?
Hélas! perqué calé pé bède,
Si nou poudem bédep toustem!

Qué p'en bat entà la gran Bile;
Més nou-y-anirat soul pourtan;
Deü Béarn, dé boste famille,
Touts lous côs qu'eb y séguiran.

BITAUBÉ.

Tout le Béarn se glorifie,
De vous avoir pour fils, pour ami,
Comme de *Marca*, comme d'*Abadie*,
Et comme de notre GRAND HENRI.

Demeurez..... vous ne voulez pas me croire ;
Pour tant que nous vous en prions !
Hélas ! pourquoi fallait-il vous voir,
Si nous ne pouvions vous voir toujours ?

Vous vous en allez à la grand' ville,
Mais vous n'irez pas seul néanmoins ;
Du Béarn, de votre famille,
Tous les cœurs vous y suivront.

BITAUBÉ.

CARTE A THÉOPHILE BOURDEU.

Dab sa troumpette, adès la Renoumade,
B'appéra *Bourdeu* loucïn de Pau.
La neü, despuich ença, sus las pennes d'Ossau,
Mantû cop bé s'ey desglarade;
Et b'abem bist mantû malaü,
Entà la darrère aübergade,
Hà lou darré pinnet, chens degun maye maü,
Qué l'estros Médeci qui'oü dabe la poussade.

N'èt pas d'aquère ley, bous qui, dens sa présou,
Sabet estangua l'àmne, encadéna la bite;
Qui tan dé cops, à la Parque maüdite,
Abet baillat l'adroumillou;
Qui tan dé cops, abet troumpat l'ahide
Deü caperà, deü sounadou;
Qui tan dé cops, à l'espouse esbarride,
Abet rendut soun aymadou.

Saye *Bourdeu*, recebet moun houmatye!
You nous souy pas malaü, you nou souy pas poüruc.
De l'esparbè nou cragni pas lou truc;
Deü cô soulet, ma carte ey lou lengatye!

Superbie-Cazalet.

ÉPITRE A THÉOPHILE BORDEU.

Avec sa trompette, naguère la Renommée
  Appela Bordeu loin de Pau.
Le neige, depuis lors, sur les montagnes d'Ossau,
  Plus d'une fois s'est fondue,
  Et nous avons vu plus d'un malade
   Pour le dernier gîte
Faire le dernier saut, sans aucun autre mal
Que le maladroit médecin qui lui donnait la poussée.

Vous n'êtes pas de ceux-là, vous qui dans sa prison,
Savez arrêter l'âme, enchaîner la vie ;
Qui tant de fois à la Parque maudite,
  Avez donné ce qui fait dormir ;
  Qui tant de fois, avez trompé l'attente
  Du curé, du sonneur de cloches ;
  Qui tant de fois, à l'épouse éperdue,
   Avez rendu son bien-aimé.

  Sage Bordeu, recevez mon hommage !
Je ne suis pas malade, je ne suis pas peureux.
  De l'épervier je ne crains pas le coup ;
  Du cœur seul ma lettre est le langage.

A POURETTE.

Dem deü clarou, Pourette qu'at coumande,
A ço qui boü qui pouyré résista ?
Pas aü mench you qué hey tout ço qui'm mande
Et trop hurous quoan la pouch countenta.
— De mouns attraits parle, em dits la houlette,
Dens lous tous cants, célèbre ta gaüyou :
— Et tà coumplase aütà-leü ma Pourette,
Chens trop sabé qué baü dens moun ardou,
Coum Despourrins debat dé quaüqu'oumbrette,
Tà ma beryère esla ma chalumette.
Ah! quin bounhur, si dens quaüque cansou
E pouch abé sa grace et sa douçou !

« O! ma gaüyou, douce Pastouroulette,
E canterey ta bouque tan resquette,
Oùn bey toustem courré l'arrisoulet,
L'air embaümat qué répen toun alet,
Tà you mey dous qué la douce flourette ?

» E canterey touns clareyans oueilhous,
D'oùn mantû cop lous perfides Amous,
A mà rebés lancen lous traits de flâme,
Qui tà souben é pénetren moun âme ;
Despuch ença ben senti las doulous !

A POURETTE.

Jouons du hautbois, Pourette le commande,
A ce qu'elle veut qui pourrait résister ?
Pas au moins moi, je fais ce qu'elle me commande
Et trop heureux quand je peux la contenter.
— De mes attraits parle, me dit la folette,
Dans tes chants, célèbre ton bonheur :
— Et pour complaire aussitôt ma Pourette,
Sans trop savoir, je vais dans mon ardeur,
Comme Despourrins, dessous quelque ombrage,
Pour ma bergère enfler mon chalumeau.
Ah ! quel bonheur, si dans quelque chanson,
Je puis avoir sa grâce et sa douceur.

« O ma félicité ! ô douce Pastourelle,
Chanterai-je ta bouche si fraîche,
Où je vois toujours courir le sourire,
L'air embaumé que répand ton haleine,
Plus doux pour moi que la fleur la plus suave ?

« Chanterai-je tes yeux si brillants,
D'où plus d'une fois les perfides Amours,
A tour de bras lancent les traits de flamme,
Qui si souvent pénétrèrent mon âme,
Depuis longtemps j'en ressens les douleurs !

» E canterey aquères jumelettes,
Dab tan de gay caressades per jou,
Et qui toustem à pous y poussadettes
Semblen boulé sourtis de lûr présou?

» E canterey ta manotte poulide,
Lous tous brassous, ou lou tou pedérot,
Aquère came, amics! tan esberide,
Quoam houleyam amasse seü pradot,
Ou quoan peü bosc proumte coum l'aüsérot
S'en ba cerca l'anesquette esbarride?

» E canterey?... Més si bouli canta
Touts touns attraits, deü mey chin dinqu'aü maye,
Certes Pourette abéri trop à ha :
Saben youi, suiban you, qu'ey mey saye,
Et qu'ey mey dous cent cops que d'en parla. »

HATOULET. — 1820.

« Chanterai-je ces petites jumelles,
Avec tant de plaisir caressées par moi,
Et qui toujours à petites poussées
Semblent vouloir sortir de leur prison.

« Chanterai-je ta main si douce,
Tes bras, ou ton petit pied,
Cette jambe, amis, si agile
Quand nous folâtrons ensemble dans le pré,
Ou quand à travers le bois prompte comme l'oiseau
Elle s'en va chercher l'agnelle égarée.

« Chanterai-je?... Mais si je voulais chanter
Tous tes attraits, depuis le plus petit jusqu'au plus grand,
Certes, Pourette, j'aurais trop à faire :
Savoir en jouir suivant moi est plus sage,
Et vaut cent fois mieux que d'en parler. »

HATOULET. — 1820.

BENTE-SAINGRIS.

Qui nou couneich lou yuramen d'Henric,
Bente-Saingris !... més coum n'y a hère chic.
   Qui saben d'oùn poudou proubiéne
Aquet yurou; you qué pap' baü appréne.

Quoan deü Béarn Henric débou sourti,
   Ue youenne paysanne qu'aymabe
   Qué biencou taü bède parti :
Jeanne Saingris (ataü que s'apérabe),
   De chagri qu'es pensa mouri.
   La doulou d'aquère maynade,
   Et sa taille bet drin eslade,
   Gatye biben de soun amou,
   A d'Henric hasen coumpassiou.
Dé la quitta n'abé pas lou couratye.....
Més sa may qué l'atten, la Glori qu'a parlat,
Praübe Jeanne ! belleü qué fini lou coumbat.....
Henric, aüs espartits (*) qu'eü tiengou taü lengatye :
» Adiü Saingris !... dé tu toustem qu'em soubienrey,
» Et per BENTE-SAINGRIS, toustem qué yurerey ! »

                                        E. Vignancour.

(*) Les adieux du départ.

VENTRE-SAINGRIS.

Qui ne connaît le jurement d'Henri,
Ventre-Saingris!... mais comme il y en a fort peu,
    Qui sachent d'où peut provenir
    Ce juron, je vais vous l'apprendre.

    Quand du Béarn Henri dût sortir,
    Une jeune paysanne qu'il aimait,
    Vint pour le voir partir :
Jeanne Saingris (c'est ainsi qu'elle s'appelait),
    De chagrin pensa mourir.
    La douleur de cette jeune fille,
    Et sa taille un peu enflée,
    Gage vivant de son amour,
    A Henri faisait compassion.
De la quitter il n'avait pas le courage.....
Mais sa mère l'attend ; la gloire a parlé,
Pauvre Jeanne, bientôt a fini le combat.
Henri, en partant, lui tint ce langage :
« Adieu *Saingris!*... de toi toujours je me souviendrai,
» Et par VENTRE-SAINGRIS, toujours je jurerai! »

E. Vignancour.

SOUNET.

Quoan lou Printemps, en raübe pingourlade,
A heyt passa l'escousou deüs grands rets,
Lou Cabiroü, per boums et garimbets,
Saüteriqueye, aü mieytan dé la prade.

Aü bêt esguit dé l'aübe ensafranade,
Prenen la fresque aü lonng deüs arribets,
Mirailla és ba débens l'aygue aryentade;
Puch seü tucoü, hè cent arricouquets.

Deüs càs courrens, craing chic la clapiteye;
Eth sé tien saüb : més en tan qui houleye,
L'arquebusè lou dà lou cop mourtaü.

Ataü bibi, chens tristesse, ni mieye,
Quoan ü bêt oueil m'ana hà per enbeye,
Aü miey deü cô, bère plague leyaü.

GASSION.

SONNET.

Quand le Printemps, en robe émaillée,
A fait passer l'apreté des grands froids,
L'izard, par bonds et gambades,
Sautille au milieu de la prairie.

Au lever de l'aube ensafranée,
Prenant le frais le long des petits ruisseaux,
Il va se mirer dans l'eau argentée ;
Puis sur le tertre il fait cent cabrioles.

Des chiens courans, il craint peu les aboiements ;
Il se tient sauf : mais pendant qu'il folâtre,
L'arquebusier lui donne le coup mortel.

Ainsi je vivais sans tristesse ni crainte,
Quand un bel œil m'alla faire par envie,
Au milieu du cœur une grande plaie.

GASSION.

SOUNET.

Quoan *Rabourit* (*), la noueyt, per caze aban roundeye,
Pensan dé s'esgaudi dab *Piguette* (*) déhens,
Pigou (*) tout harissat, lous oueils dé rauye ardens,
En ariçan lou nas, toustem qué clapiteye.

Eth hè la terre tremb; puch chens résou, ni mieye,
Aquet mourden Mousti, dab sas mourtelles dens,
Au loc d'amigailla *Piguette* douçamens,
Qué la gahe au bèt cot, et yamey nou coudeye.

Coum lou cà de Pailhas, tau bèt médich qué casse;
Car çò qui nou pot hà, nou boù qu'aute qu'at hasse :
Piguette à l'antertan que l'ayre de talen.

Més puch qu'à soun coustat, eth ey coum bère souque,
Et qué la hè déli, las aygues à la bouque,
Si *Pigou* gouarde à caze, eth sera plà balen.

— GASSION.

(*) Noms de chiens et de chienne.

SONNET.

Quand *Rabourit*, la nuit, par devant la maison rondoie ;
Pensant de se réjouir avec *Piguette* dedans,
Pigou tout hérissé, les yeux de rage ardens
En hérissant le nez, toujours aboie.

Il fait trembler la terre, puis sans raison ni demi
Ce mordant matin, avec ses mortelles dents,
Au lieu de caresser Piguette doucement,
Il la prend au col et jamais ne coudoie.

Comme le chien de Pailhas, de même il chasse ;
Car ce qu'il ne fait pas, il ne veut pas qu'un autre le fasse ;
Piguette en attendant aboie de besoin.

Mais puisqu'à son côté, il reste comme une souche ;
Et qu'il l'a fait languir les eaux à la bouche,
Si Pigou garde chez lui, il sera bien vaillant.

SOUNET.

Quoan lou sou de la matinade
A heyt passa lous tendres plous,
L'abeille, à la teste daürade
S'esgaüdech à trubès las flous.

Qué ba, qué bien chens n'ayma nade ;
Ere se paüse soüs boutous :
La rose, l'œuillet, la pensade,
Soun égales à souns oueillous.

Si per cop la simple briülette
S'attire soum charman regard,
Aütà leü qué bole à l'escart.

Taü médich la boulatye Annette
Cour d'amourous en amourous,
Chens yamey renden nat d'hurous.

J.-L. Maurice.

SONNET.

Quand le soleil de la matinée
A fait passer les tendres pleurs,
L'abeille, à la tête dorée
S'ébat à travers les fleurs.

Elle va, elle vient sans en aimer aucune ;
Elle se pose sur les boutons ;
La rose, l'œuillet, la pensée,
Sont égales à ses yeux.

Si par fois la simple violette
S'attire son charmant regard,
Aussitôt elle vole à l'écart.

Tout de même la volage Annette
Court d'amoureux en amoureux
Sans jamais en rendre aucun heureux.

LOU PAYSAA D'AÜSSAÜ.

Quoan deü Béarn, à Paü, cade an, lous Députats
Deüs trés ourdis, tiennen, aütes-cops, lous Estats,
Entà régla l'impôst, qui tous intéressabe,
Eths qu'èren touts, à lur tour, coumbidats
Enço de Mous de *Lous*, qui labets présidabe.

Aüprès du gros pastou, députat per Aüssaü,
U seignou, nabèt heyt, qu'ère ségut à taüle;
Ta-s' truffa de l'aülhè, eth qué pren la paraüle :
— Moussu lou député, lou te dits, bit-ataü,
Quoan boulet débara lou sé de la mountagne,
Quin siülat lou troupèt, en t'aü hà rassembla?
N'ayat pas hounte, anem, hèt coum à la campagne.
    Après s'esta drin heyt préga,
L'Aüssalés doucemen qué s'eb boute à siüla.
    — Més bé siülat dab plus de force?
— Oui, quoan lou troupèt ey hens quaüque galihorce,
Ou qu'és trobe fort louein; més que siülam tout dous
Quoan las bestis, Moussu, soun aü bèt près de nous.

E. Picot.

LE PAYSAN D'OSSAU.

Quand du Béarn, à Pau, chaque an, les Députés
Des trois ordres, tenaient, autrefois, les Etats,
Pour régler l'impôt qui tous les intéressait,
Ils étaient tous, à leur tour, invités
Chez Monsieur de *Lons*, qui alors présidait.

Auprès d'un gros pasteur, député par Ossau
Un Seigneur, nouvellement créé, était assis à table ;
Pour se moquer du Berger, il prend la parole :
— Monsieur le Député, lui dit-il, de cette manière :
Quand vous voulez descendre le soir de la montagne,
Comment sifflez-vous le troupeau pour le rassembler?
N'ayez pas de honte, allons faites comme à la campagne.
    Après s'être fait un peu prier,
    L'Ossalois doucement se met à siffler.
    — Mais vous sifflez avec plus de force?
— Oui, quand le troupeau se trouve au fond de quelque ravin
Ou qu'il est fort loin ; mais nous sifflons doucement
Quand les bêtes, Monsieur, sont tout près de nous.

E. Picot.

IMITATIOU D'ÜE IDILLE DE BION.

L'aûte die dens lou bouscatye
U maynadot gahabe aüsets;
En houleyan, lou diü boulatye,
L'Amou entermiey deü brancatye,
Ques pen per l'âle aüs escripets.
Susprés, lou maynat que cridabe :
« Moün diü, lou béroy aüserot ! »
Et sus l'Amou que s'en anabe
Foundé coum bèt esparberot.
Lou hiü que sèc, l'Amou s'enbôle....
En arriden û bieilh Pastou
Qui counechè lou diü d'Amou,
Dits aü maynatye quis désole :
« Esperboulat, qu'anabes hà !
» Laüde lou Ceü dé ço qui-t' quitte,
» Lou méchan! are quet esbite,
» Et betleü quet coucirera. »

HATOULET. — 1819.

IMITATION D'UNE IDYLLE DE BION.

L'autre jour dans un bocage
Un enfant prenait des oiseaux ;
En folâtrant, le Dieu volage,
L'Amour au milieu du feuillage,
Se prend par l'aile aux cassepieds.
Surpris, l'enfant s'écriait :
« Mon Dieu, le joli petit oiseau ! »
Et sur l'Amour il s'en allait
Fondre comme un épervier.
Le fil casse, l'Amour s'envole....
En riant un vieux pasteur
Qui connaissait le dieu d'Amour,
Dit à l'enfant qui se désole :
« Etourdi, qu'allais-tu faire !
» Remercie le ciel de ce qu'il te quitte,
» Le méchant maintenant t'évite,
» Bientôt il te visitera. »

Hatoulet. — 1849.

ODE A BÈNUS,

Traduizide libramen deü lati d'Horace.

A la danse, aüs plasés, tout-are houleyabi;
Dens la guerre d'amou, prou béroy que brilhabi.
Més de quitta tout yoc, are em souy rabizat;
Toutû moun luth ey mourt, et moun souffle espuizat.

Bènus, aü coustat gaüch de soun imatye nude,
Dab mas armes beyra ma lyre suspenude.
A soun temple tabé, you biéni dépaüsa
Las crabes, lous flambeüs et la destraü crangude,
De tout bourrouilh yelous qu'im dizé : *n'y-ġaüsa!*

Tu qu'adoren en Chypre, à Menphis, à Cythère,
Oùn l'oueil n'a yamey bist nébades, ni glaçous,
U soul cop à Chloé, per la rende mench fière,
Dé ta puissante mà, bailhe quaüques leçous.

CASAUS.

ODE A VÉNUS,

Traduite librement d'Horace.

A la danse, aux plaisirs, naguères je folâtrais,
Dans la guerre d'amour assez bien je brillais.
Mais de quitter ces jeux, je me suis ravisé,
Car mon luth est mort et mon souffle épuisé.

Vénus, au côté gauche de son image nue,
Avec mes armes verra ma lyre suspendue,
A son temple aussi je viendrai déposer
Les chaînes, les flambeaux et la hache redoutée
De tout verroux jaloux qui me disait : n'y oser !

Toi qu'on adore à Chypre, à Memphis, à Cythère,
Où l'œil n'a jamais vu ni neiges, ni glaçons,
Une seule fois à Chloé, pour la rendre moins fière,
De ta puissante main donne quelques leçons.

CAZAUX.

A LAS DIFFICILES.

Fresque et béroye coum las flous
Qui pingorlen aqueste prade,
Dab tout l'esclat de lurs coulous,
Coum éres passerat après quaüque yelade.
Nou hasiat dounc tan la besiade ;
Dens lou tems qu'ib poudet gaüdi dab las Amous ;
Aüta-leü qu'ib beyran drin mus arrounsillade,
Eths pé heran perpits de lurs fabous.

PERRIN.

AUX DIFFICILES.

Fraîche et jolie comme les fleurs
   Qui émaillent cette prairie,
   De tout l'éclat de leurs couleurs;
Comme elles vous passerez après quelque gelée,
   Ne faites donc pas tant la difficile,
Dans le temps où vous pouvez vous réjouir avec les Amours;
Aussitôt qu'ils vous verront la figure ridée
   Ils vous feront des niches de leurs faveurs.

PERRIN.

LA CIGALE ET L'ARROUMIGUE.

Fable imitade de Lafountaine.

Sus l'û deüs arbes de *la Plante* (*),
Ue Cigale fainèante,
Duran l'Estiü, dab sa cansou,
Eschourdabe tout lou cantou.

Penden aquet tems l'Arroumigue,
Plus sayc et deü tribail amigue,
Dab lous pès, las dents et lous dits,
Aban que lou maü-tems arribe,
Hasè soun osque, coum oun' dits,
Et s'amassabe dé qué bibe :
Saben plà que tout ço qui biü,
Qué minye l'hyber coum l'estiü.

(*) Nom d'une promenade au pied du Château de Pau.

LA CIGALE ET LA FOURMIE.

Fable imitée de Lafontaine.

Sur l'un des arbres de la Plante
Une Cigale fainéante,
Durant l'été, par ses chansons,
Etourdissait les environs.

Pendant ce temps la fourmi,
Plus sage et du travail amie,
Avec les pieds, les dents et les doigts,
Avant que le mauvais temps arrive,
Faisait sa provision, comme on dit,
Et ramassait de quoi vivre ;
Sachant bien que tout ce qui respire
Mange l'hiver comme l'été.

Ataü nou résoune û aüyami,
Tabé, l'insten d'après, la hami,
Coum lou tems drîn s'ère enredit,
Que la hé descende en taü nid.

Qu'ey trouba?... bet nou-arré : doulente,
Et coum credet, âle penente,
Pren soun partit, sort, et déyà
Truque aü loutgis de l'arroumigue :
Qui'ey aquiü? — You bou'n prègui, amigue,
Oubrit. — Qué demandat? Qué ya?
— Sis' pot, quaüqu'arré ta minya.
Et dès qui la sésou nabère
Biéra, hidat-p'à you, coumère,
Qu'ep paguerey, fé d'animaü,
L'intérest dab lou capitaü.

L'arroumigue qu'ey bèt drin chiche,
Taüs aüts coum t'à d'ere médiche :
— Et qu'abet heyt l'estiü passat?
Seü dits, dab û trufec arride.
— Ço qui ey heyt? Certes qu'ey cantat.
— Cantat! fort bien ; qu'en souy rabide :
Are dounc que poudet dansa ;
Et qu'ep serbira de minya.

La praübe cigale, counfuse,
Que s'en tourna, diü sap, camuse.
— Mey d'û baürien, mey d'û pénail,
Qu'és pot bede en aquet mirail.

HOURCASTRÉMÉ.

Ainsi ne résonne pas une bête ;
Aussi l'instant d'après la faim,
Le temps s'étant un peu refroidi
La fit descendre du nid.

Qu'y trouva-t-elle ?... Rien du tout : dolente,
Et comme vous pensez, l'aile pendante,
Prenant son parti, elle sort, et déjà
Frappe au logis de la fourmi :
Qui est là ? — Moi, je vous prie, moi amie,
Ouvrez. — Que demandez-vous ? Qu'y a-t-il ?
— Si cela se peut, quelque chose pour manger,
Et dès que la saison nouvelle
Viendra, fiez-vous à moi, commère,
Je vous paierai, foi d'animal,
L'intérêt et le capital.

La fourmie est un peu chiche
Pour les autres comme pour elle-même.
— Et qu'avez-vous fait l'été passé ?
Lui dit-elle, d'un air moqueur.
— Ce que j'ai fait ? Certes, j'ai chanté !
Chanté ! C'est bien, j'en suis ravie ;
Maintenant vous pouvez danser,
Cela vous servira de manger.

La pauvre Cigale confuse
Se retira, dieu sait, camuse.
— Plus d'un vaurien, d'un paresseux
Peut se voir dans ce miroir.

HOURCASTRÉMÉ.

STENÇOS.

Paris et las Mountagnes.

Tà qué banta Paris, souns palays, lurs pourtiques,
  Y souns arcs trioumphans,
Lous chefs-d'obre dé l'art, lous nabèts, lous antiques,
  Qui hen tan d'omis grans?...

Chens douté, en lous espian, bost'âmo qu'eüs admire,
  Qu'eüs trobo merbeilhous,
Tabé mey d'û poèto a cantat sus sa lyre
  Paris y sas splendous?

Cantat bosté Paris, jou qu'aymi mas mountagnes,
  Lou Gabé capricious,
Qui court en escuman catbat noustés campagnes,
  Lous prats garnits dé flous.

STANCES.

Paris et les Montagnes.

Pourquoi vanter Paris, ses palais, leurs portiques,
    Et ses arcs triomphans,
Les chefs-d'œuvre de l'art, les nouveaux, les antiques,
    Qui font tant d'hommes grands?...

Sans doute, en les voyant, votre âme les admire,
    Elle les trouve merveilleux ;
Aussi plus d'un poëte a chanté sur sa lyre,
    Paris et ses splendeurs !

Chantez votre Paris, moi j'aime mes montagnes,
    Le Gave capricieux,
Qui court en écumant à travers les campagnes,
    Les prés garnis de fleurs.

La glèyso deü hameü qui'ns atten estuyade
  Peüs brancatjés flourits,
Oùn touts ban tà préga, la beüde, la fiançade,
  Lous grands y lous pétits !

Qu'aymi dé nousté Pic la crête qui blanguéye,
  Courounade dé nèou.
Y l'aigle peü soumet, qui nide, qui tournéye,
  En s'approuchan deü ceü.

Paris, ta jou qué soun aquéros houns ournades
  Dé Nymphes, dé Tritous ?
Nou baléran jamey noustés bères cascades
  Qui courren peüs ballous.

Aci qu'at abem tout, tout qu'ey magnificence,
  Y si per cas douttat
Dé Diou, dé sa grandou, sustout dé sa puissence,
  Biénet qu'ey crédérat !!!

Destrade.

L'église du hameau qui nous attend cachée
    Par des branchages fleuris,
Où tous vont pour prier, la veuve, la fiancée,
    Les grands et les petits.

J'aime de notre Pic la crête qui blanchit,
    Couronné de neige,
Et l'aigle au sommet, qui niche, qui tournoie
    En s'approchant du ciel.

Paris, pour moi que sont ces fontaines ornées
    De Nymphes et de Tritons?
Elles ne vaudront jamais nos si belles cascades
    Qui courent par les valons.

Ici, nous avons tout ; tout est magnificence,
    Et si par cas vous doutez
De Dieu, de sa grandeur, surtout de sa puissance,
    Venez, vous y croirez !!!

DESTRADE.

LOU COURBACH ET LOU RENARD.

Fable imitade de Lafountaine.

Certen Courbach, sus bèt nouguè,
U roumatye en soun bec tienè,
Deüs de Lanne, ardoun coum ûe lue:
Et meste Renard aü bèt pè,
Qui deü senti plasé prenè,
Qué sounyabe aü né hà qu'aüqu'ûe.

Quine casse, disè tout chouaü !
Aço n'ey biande dé casaü.
« Holà, s'eü cride : camarade !
Lechat-mi dà quaüque dentade.
Debarat : qu'ey prés û lebraüt ;
Qué partatyeram l'û et l'aüt :
Qu'eüs fricasseram chens padère ;
Et la fé qué heram gran chère. »

LE CORBEAU ET LE RENARD.

Fable imitée de Lafontaine.

Certain Corbeau, sur beau noyer,
Un fromage en son bec tenait,
De ceux de Lanne, rond comme une lune;
Et maître Renard au pied,
Qui à le sentir prenait plaisir,
Songeait à lui en faire quelqu'une.

Quelle chasse disait-il tout bas!
Cela n'est viande de jardin.
« Holà! crie-t-il : camarade!
Laissez-m'y donner quelque coup de dent,
Descendez; j'ai pris un levraut;
Nous partagerons l'un et l'autre;
Nous les fricasserons sans poêle,
Et ma foi, nous ferons grand'chère. »

Lou Courbach pourtan hé deü sourd :
Dab fripous dé semblabe estère,
Nou dise arré qu'ey lou mey court.

Lou Renard qu'és grate l'aüreilhe ;
Cerque, bire, en trobe ûe mieilhe :
« Coumpay, s'eü dits, bous eth mey bèt,
Mey lusen que nad aüt'aüsèt.
Et, désegu si lou ramatye
Ey aütà fi coum lou plumatye,
Chens menti, suiban moun abis,
De l'aüserailhe eth lou phénix. »

Labets oùn lou prudè qu'eü grate ;
Eth tend l'aüreilhe : aco qu'eü flate ;
Qu'eü semble qué minye û capou ;
Taüs fats l'encens ey toustem bou.
Et lou pèc, chens aüte fayçou,
Tout bouffit déquet dous lengatye,
Orb û gran bec entà canta.
Patatras !... adiü lou roumatye,
Et lou Renard qu'eü s'amassa.

Puch dab û toun de trufandise :
« Lou mé moussu, s'és boute aü dise,
Sapiat, bous qui abet tà bou sens,
Qué tout flaügnac biü aüs despens
  Deü qui l'escoute.
  L'abis, chens doute,
Baü û roumatye : ayat-ne gnaüt ;
Qu'ens tournem bède. » Et dé bèt saüt,
Eth pé plante aquiü lou nigaüt.
     HOURCASTRÉMÉ.

Le Corbeau pourtant fit le sourd,
Avec des fripons de cette espèce
Ne dire rien est le plus court.

Le Renard se gratte l'oreille ;
Il cherche, tourne, en trouve une meilleure :
« Compère, lui dit-il, vous êtes plus beau,
Plus luisant que tout autre oiseau ;
Et bien sûr, si votre ramage
Est aussi fin que le plumage,
Sans mentir, suivant mon avis,
Des oiseaux vous êtes le phénix. »

Alors où cela lui démangeait il le gratte ;
Il tend l'oreille ; cela le flatte ;
Il lui semble manger un chapon ;
Pour les fats l'encens est toujours bon,
Et le sot, sans autre façon,
Tout bouffi de ce doux langage,
Ouvre un grand bec pour chanter.
Patatras !... adieu le fromage,
Et le Renard le ramassa.

Puis d'un air de moquerie :
« Mon cher monsieur, se mit-il à lui dire,
Sachez, vous qui avez du sens,
Que tout flatteur vit aux dépens
 De qui l'écoute ;
 L'avis sans doute
Vaut un fromage ; ayez-en un autre,
Jusqu'au revoir. » Et d'un grand saut,
Il vous plante là le nigaud.

    HOURCASTRÉMÉ.

LA DARRÈRE BICTIME DE L'AMOU.

Digues Amou, digues oùn ey tirade
La qu'im débès amia debat l'ourmeü!
Petit fripou, s'im en aürés heyt nade?
Ah! tourne-l'em, hé-la biene aü-mey leü.

Loueing dé Nizette, û moumem ey mesade,
Et la mesade û siècle dé turmen!
Qué saps Amou, si, près dé taü maynade,
Cade mesade ey plus d'û soul moumen!

Déya la noueyt qu'amague ûe lampette,
Qu'en ey dounc heyt, ô perfide maynat!
Qu'as tà pla heyt dens lou cô dé Nizette,
Qu'em en aüras à-d'arroun escoubat....

Ataü Roubi d'esgouffibe sa peine,
Et qu'en mouri dens l'an mille cinq cents :
Despuch labets, houec d'amou, ni cadéne
Nou soun pàs mey tan et tan escousens.

LAMOLÈRE.

LA DERNIÈRE VICTIME DE L'AMOUR.

Amour dis-moi, dis-moi qu'est devenue
Celle que tu devais conduire sous l'ormeau !
Petit fripon, m'en as-tu fait quelqu'une ?
Ah ! rends-la moi, fais-la venir au plutôt.

Loin de Nizette, un moment est un mois,
Et chaque mois un siècle de tourment !
Tu sais, Amour, si près de telle jeune fille,
Chaque mois est plus d'un moment !

Déjà la nuit va cacher sa lampe,
C'en est donc fait, perfide enfant,
Tu as si bien fait dans le cœur de Nizette,
Qu'entièrement tu m'en auras chassé !.....

Ainsi Robin contait sa vive peine ;
Il en mourut dans l'an mille cinq cents !...
Depuis ce temps, ni feu d'amour, ni chaîne
Ne causent plus des maux aussi cuisans.

LAMOLÈRE.

STENCES.

Gay et doulou qué dens moun cô sentéchi,
Qu'im plats bitare et puch qui noum plats pas,
Gouey doùn bibi et plazé doùn mouréchi,
Si Amou n'es-tu, dé qué dounques seras?

Si tu-es plazé, dab tu perqué pâtéchi?
Ou la doulou perqué dounques mé plas?
Gay doùn doli et maü doùn mé gaüdéchi,
Si Amou n'es-tu, dé qué dounques seras?

Perqué n'ey pats, puch qué nou soy en guerre?
Chens poü darré perqué soy en esglas?
Boli peü ceü et nou'm mabi sus terre,
Si Amou n'es-tu, dé qué dounques seras?

Qu'arridi acy, puchente aquiü qué plouri,
Moun cô dé houec aütà leü qu'ey dé glas;
Qué bouy parti, puch après qué demouri,
Si Amou n'es-tu, dé qué dounques seras?

N. ***

STANCES.

Plaisir et douleur que dans mon cœur je sens,
Qui me plait maintenant et puis qui ne me plait pas,
Peine dont je vivais, et plaisir dont je meurs,
Si tu n'es l'Amour, que seras-tu donc?

Si tu es plaisir, pourquoi souffrirai-je avec toi?
Ou pourquoi donc la douleur me plait-elle?
Plaisir dont je souffre et mal dont je me réjouis,
Si tu n'es l'Amour, que seras-tu donc?

Pourquoi n'ai-je pas de paix puisque je ne suis pas en guerre?
Sans peur de rien pourquoi suis-je dans la crainte?
Je vole au ciel sans bouger de la terre,
Si tu n'es l'Amour, que seras-tu donc?

Je ris ici, puis aussitôt je pleure,
Mon cœur de feu est aussitôt de glace;
Je veux partir, puis après je demeure,
Si tu n'es l'Amour, que seras-tu donc?

N. ***.

MARGALIDET.

Counte.

Margalidet poumpouse et bère
Qué s'aplegabe deü marcat,
Quoan la saüme boun gré, maü grat,
Eü s'escappe per la carrère;
Margot dé courre; û Moussunet
Qué l'estanga peü capulet
Et queü digou : bé courret hère !
Hey! gouyattote, eth de Bilhère?
— Obio, Moussu, per pé serby.
— Bé counechet dounques Jannette,
Hilhe dé Jean dé Poupeby?
Qu'eü mé harat sus la bouquette,
Tan gayhasente et tan resquette,
Crouchi per you quoate poutous
Coum lous quib baü you ha-b à bous.
— Escusat-me per la bégade,

MARGALIDET.

Conte.

Margalidet pimpante et belle
Se retirait du marché,
Quand l'ânesse bon gré, malgré,
S'échappe à travers la rue ;
Margot de courir ; un petit Monsieur
L'arrêta par le capulet
Et lui dit : vous courez bien vite !
Eh ! fillette, êtes-vous de Bilhère ?
— Oui-dà, monsieur, pour vous servir.
— Vous connaissez donc Jannette,
Fille de Jean de Poupehi ;
Vous lui ferez sur sa petite bouche,
Si gracieuse et si fraîche,
Craquer pour moi quatre baisers
Comme ceux que je vais vous faire.
— Excusez-moi pour le moment,

(Se dits la drolle, et qué houegou);
Moussu, qué soy bet drin pressade,
Qu'eb en demandi bien perdou :
Més tà plà-hà, courret detire,
Haüs à la saüme quis retire,
Qu'arribera permé qué you.

Hatoulet. — 1820.

(Lui dit la rusée et elle fuit);
Monsieur, je suis un peu pressée,
Je vous demande bien pardon;
Mais pour bien faire, courez vite,
Les faire à l'ânesse qui se retire,
Elle arrivera avant moi.

Hatoulet. — 1820.

INSCRIPTIOU

Tà la maysouette oùn Henric hou neürit.

Mey baü qu'ù bet castet aqueste maysouette,
    Toustem qué la boulem gouarda ;
Henric qu'ey hou neürit, quoiqué sie praübette,
Yamey touts lous trésors nou la pouyren paga.

E. Vignancour.

INSCRIPTION

Pour la maisonnette où Henri fut nourri.

Mieux vaut qu'un beau château cette maisonnette,
    Toujours nous la voulons garder ;
Henri y fut nourri, quoiqu'elle soit pauvrette,
Jamais tous les trésors ne la pourraient payer.

E. Vignancour.

MOUT D'HENRIC IV.

Lou nouste Gran Henric, passan per û bilatye,
Qu'estou coumplimentat peü curé dé l'endret.
Penden qui débisabe, aüprès bèt âsoulet
Qué coumença tabé lou sou bruyan lengatye,
 En pinnettan tout aütour, aü galop.
D'arridé, praübe Henric, qué nous poudè pas tiene.
Eth qu'oüs digou : « Messius, sib boulet ha-p'enténe,
 » Nou parlet pas touts en û cop. »

E. P<small>ICOT</small>.

MOT D'HENRI IV.

Notre Grand Henri, passant par un village,
Fut complimenté par le curé de l'endroit.
Pendant qu'il pérorait, auprès un petit âne,
Commence aussi son bruyant langage,
  En sautillant tout autour au galop.
De rire, le pauvre Henri, ne pouvait se tenir,
Il leur dit : « Messieurs, si vous voulez vous faire entendre,
  « Ne parlez pas tous à la fois. »

       E. Picot.

INSCRIPTIOU

Entà la Statue d'Henric IV.

Debine qui ey lou Rey doun bets acy l'imatye?
Qu'estou gran, yeneroux, dé soun pople l'amic;
En tout loc qu'ère aymat, à la bile, aü bilatye:
Pertout qu'estou plourat.... Yà, qu'ey lou noust' Henric !

E. V.

INSCRIPTION

Pour la Statue d'Henri IV.

Sais-tu quel est le Roi que t'offre cette image ?
Il fut grand, généreux, de son peuple l'ami ;
Idolâtré partout, à la ville, au village :
Partout il fut pleuré... J'y suis, c'est notre Henri !

E. V.

INSCRIPTIOU

Qui-s' leyè aü bach dé la Statue pédestre dé Louis XIV, à la Place Rouyale dé Paü.

Aci qu'ey l'arréhilh dé nousté Gran Henric :
Lou ceü qui l'abé dat per lou bé dé la terre,
L'a heyt lou pay deüs bous, deüs méchants l'ennemic,
Ù Salomon en pax, ù bray César en guerre ;
Plasie à Diü qu'à jamey, lou marbre et lou métaü,
Hasien bibe pertout sa glori coum à Paü !

INSCRIPTION

Qu'on lisait au bas de la Statue pédestre de Louis XIV,
à la Place Royale de Pau.

Voici le petit-fils de notre Grand Henri :
Le Ciel qui l'avait donné pour le bien de la terre,
L'a fait le père des bons, des méchants l'ennemi,
Un Salomon en paix, un vrai César en guerre ;
Plaise à Dieu qu'à jamais le marbre et les métaux,
Fassent vivre partout sa gloire comme à Pau !

ÉPIGRAMME.

Imitatiou.

U Counseilhè deü Parlemen,
Sourtin deü palays, qués bantabe
D'abé rendut û yutyamen
Qui suspréneré plà la yen.
Qu'eü respoun lou qui l'escoutabe :
« Et qu'ey dounc yuste apparemen ? »

E. V.

ÉPIGRAMME.

Imitation.

Un Conseiller au Parlement,
Sortant du palais, se vantait
D'avoir rendu un jugement
Qui surprendrait bien des gens.
Celui qui l'écoutait répondit :
« Il est donc juste apparamment ! »

E. V.

ÉPITAPHE D'Ü MÉDECI.

Aci débat aqueste peyre,
Répaüse lou plus gran dé touts lous Médecis,
Qui dé poü d'esta chens besis,
En a remplit lou cimeteyre,

ÉPITAPHE D'UN MÉDECIN.

Ici sous cette pierre,
Repose le plus grand de tous les Médecins,
   Qui de peur d'être sans voisins,
   En a rempli le cimetière.

LOU PAYSAA DE SAÜBOLE.

U paysàa de Saübole à mesté Casalis,
Aüts cops, tà soun proucès, hou demandaü abis.
L'aboucat qu'escribè. Sa mountre ère paüsade
Sus gnaüt'taüle, à coustat, débat quaüque papè.
     Après l'abé bèt chiquet escoutade,
Lou paysàa qué seb sort, tout dous, l'esclop deü pè,
Puch da dessus û truc, més à mà rebirade :
— « Qu'as heyt démoun? » dits l'aüt, estramousit deü cop.
— « Qu'enteni la sourits : qué l'ey dat d'ap l'esclop ;
» Et tiet, qué soy ségu qué l'aürey esglachade. »

E. Picot.

LE PAYSAN DE SAUBOLE.

Un paysan de Saubole, à maître Casalis,
Autrefois, pour un procès, fut demander avis.
L'avocat écrivait. Sa montre était posée
Sur une table à côté, dessous quelque papier.
 Après l'avoir un instant écoutée,
Le paysan doucement sort le sabot du pied,
Puis donne un coup dessus, mais un coup à tour de bras :
— « Qu'as-tu fait, démon? » dit l'autre, tout étourdi du coup.
— « J'entendais la souris; je lui ai donné avec le sabot,
» Et tenez, je suis sûr que je l'aurai écrasée. »

E. Picot.

LOU MÉCHAN BARBÈ.

Imitatiou.

Méchan barbè, sus moun bisatye,
Tu qui hés toun apprentissatye,
Dits-mé perqu'et tremble la mà?
N'ey pas à tu qu'ey à you dé trembla.

E. V.

LE MÉCHANT BARBIER.

Imitation.

Méchant barbier, sur mon visage,
Toi qui fais ton apprentissage,
Dis-moi pourquoi te tremble la main ?
Ce n'est pas à toi c'est à moi de trembler.

E. V.

LOU MATI.

Idylle.

Desbeillot, bère droumillouse,
Enten la bouts dé toun Janet,
Qui, dessus la brane sabrouse,
Cante lous airs deü Diü Nénet.

A souns accens, las ourounglettes
Youégnin lurs gazouillis charmans ;
Et dé cap aü ceü las laüdettes
Puyon à bets petits eslans.

Déya, l'aübette ensafranade
Peü soum deüs coustalats luseich,
Et Flore, per demiey la prade,
Dens l'aygue-ros se refresqueich.

LE MATIN.

Idylle.

Eveille-toi, belle dormeuse,
Entends la voix de ton Janet,
Qui dessus la bruyère fleurie,
Chante les airs du Dieu enfant.

A ses accents les hirondelles,
Joignent leurs gazouillis charmants ;
Et vers le ciel les alouettes,
S'élèvent à petits élans.

Déjà l'aube ensafranée
Au sommet des côteaux resplendit,
Et Flore au milieu de la prairie,
Dans la rosée se rafraîchit.

Zéphir, deü cap dé soun alette,
Caresse, las charmantes flous,
Et dé las houns l'aygue clarette
Qu'esbarreich las douces bapous.

Sabi dounc leü, droumillousette,
Youi d'aquet tableü merbeillous;
Si nou t'y bedes, pastourette,
You qu'et frettarey lous oueillous.

A. Julien.

Zéphir, du bout de son aile,
Caresse les charmantes fleurs,
Et des fontaines l'eau limpide,
Éparpille les douces vapeurs.

Viens donc bientôt, belle dormeuse,
Jouir de ce merveilleux tableau,
Et si tu n'y vois pas, pastourelle,
Je te frotterai les yeux.

A. JULIEN.

ODE A BENUS,

Traduiside libramen deü lati d'Horace.

A la danse, aüs plasés, tout-are houleyabi;
Dens la guerre d'amou, prou beroy que brilhabi.
Més dé quitta tout yoc, are em souy rabizat;
Toutû moun luth ey mourt, et moun souffle espuizat.

Bénus, aü coustat dret de soun imatye nude,
Dab mas armés beyra ma lyre suspenude.
A soun temple tabé, you biéni dépaüsa
Las crabes, lous flambeüs et la destraü crangude,
De tout bourrouilh yelous qu'im dizé : *n'y gaüsa.*

Tu qu'adoren en Chypre, à Memphis, à Cythère,
Oùn l'oueilh n'a yamey bis nebades, ni glaçous,
U soul cop à Chloé, per la rende mench fière,
De tà puissante mà, bailhe caüques leçous.

ODE A VÉNUS,

Traduite librement du latin d'Horace.

A la danse, aux plaisirs, naguère je folâtrais ;
Dans la guerre d'amour assez bien je brillais.
Mais de quitter ces jeux maintenant je me ravise,
Car mon luth est éteint et mon souffle s'épuise.

Vénus, au côté droit de son image nue,
Avec mes armes verra ma lyre suspendue.
A son temple aussi, je viens de déposer
Les chaînes, les flambeaux et la hache redoutée
De tout verrou jaloux qui disait : *ni oser.*

Toi qu'on adore à Chypre, à Memphis, à Cythère,
Où l'œil n'a jamais vu ni neiges, ni glaçons,
Un seul coup à Chloé, pour la rendre moins fière,
De ta puissante main donne quelques leçons !

FABLE.

Lou youen homi et lou bieïllard.

« Dé grace, apprenet-mé qu'in se hé la fourtune? »
A soun pay demandabe, û youen embitious.
« Qué y'à, dit lou bieïllard, û cami glourious ;
» Et qu'ey dés rende utile à la caüse coumune,
» De proudigua soun tems, sas beilles, souns talens,
  « Taü serbici de la patrie. »
   — « Oh! qu'ey pénible aquère bie !
  » You que bouy mouyens mench brillens. »
— « Qué n'y-a de mey ségus, l'intrigue.... — Ere ey trop bile :
» Chens bici, chens tribailh, bouleri m'enrichi. »
   — « Eh dounc ! sïs û simple imbécile,
  » You n'ey bist hères réussi. »

FABLE.

Le jeune homme et le vieillard.

« De grâce, apprenez-moi comment on fait fortune ? »
Demandait à son père un jeune ambitieux.
« Il y a, dit le vieillard, un chemin glorieux,
» C'est de se rendre utile à la cause commune,
» De prodiguer son temps, ses veilles, ses talens,
    « Au service de la patrie. »
    — « Elle est pénible cette vie ;
    « Je veux des moyens moins brillants. »
— « Il y en a de plus sûrs, l'intrigue... — Elle est trop vile :
» Sans vices, sans travail, je voudrais m'enrichir. »
    — « Eh bien ! sois un simple imbécile,
    » J'en ai vu beaucoup réussir. »

LA MOURT DE ROLAND.

Cant Béarnés.

De Yesus Nouste-Senhe houndrem la Sente May,
Aux aütes Santz tabé rengam u yuste houmatye,
Ta que'ns denhe goarda nouste céleste Pay
De tout mal espérit, dé pecat y damnatye.

I.

Quoau ey la qui répend aülou dé sentétat
Hens lou peys de Bearn, y tant de yentz appère,
    Ataü coum la rose nabère
Ens attire, embaümant l'ayre dé tout coustat.

Et quine oumbre t'escoun aquère houn de graci
Doun flueix la bertut qui goareix tous malaüs,
    Qui deüs ahas cambi' la faci,
Y saneix deüs nafrats las herides, lous blaus?...

Hilhe d'u Rey aücit peüs Mourous à la guerre,
Dedore counsacrade à Diü per la doulou,
    Saye, beroye, anyou sus terre,
De las bieryes deüs mountz Anyeline ey la flou.

LA MORT DE ROLAND.

Chant Béarnais.

De Jésus Notre-Seigneur honorons la Sainte Mère,
Aux autres Saints aussi rendons un juste hommage,
Pour qu'il daigne nous garder notre céleste Père,
De tout mauvais esprit, de péché et dommage.

I.

Quelle est celle qui répand odeur de sainteté,
Dans le pays de Béarn, qui tant de gens appelle,
    Ainsi comme la rose nouvelle
Nous attire, embaumant l'air de tout côté?

Et quelle ombre cache cette fontaine de grâce
D'où coule la vertu qui guérit les malades,
    Qui des choses change la face,
Et guérit des guerriers les blessures et les contusions.

Fille d'un roi tué par les Maures à la guerre
De bonne heure consacrée à Dieu par la douleur,
    Sage, belle, ange sur terre,
Des Vierges de nos monts Angeline est la fleur.

Tarrible cabalè, tu qui miasses l'Espanhe,
En penes de y transi despuix loungtemps ensa,
    Roland, counsole Karle-Manhe;
Sabi, qu'apreneras per oùn té caü passa.

Quoan la Sante es mounstra dehens soun ermitatye,
Souns attreytz tout d'u cop ferin lou *paladi*.
    Tout esmudit coum u maynatye,...
Rouy,... palle, tour à tour,... dab pene s'enhardi.

II.

« Yoene bierye doun l'innoucence
» Près de Diü a tant de puissence,
» Pregatz per you !... Bierye prégatz,
» Tà que you hassi, per sa glori,
» Actious dinhes de memori,
» Y que-m goardi de toutz pecatz.

» Ah! qué tremblen, bère Angeline,
» Lous qui p'an rengude ourpheline !
» Lous infidels seran crouxitz....
» Més caü traüca dinquo l'Espanhe,
» Y tant haüt puye la mountanhe
» Qu'ere saübe lous maladitz.

» Quin pelegri saüré la bie,
» Sens bous, qui tà Sent-Jacques mie?...
» Bous que-ns amuchatz lous sendès,
» Brilhatz, estèle d'espérance.
» Qu'à boste lutz lous hilhs de France
» S'eslancen per mountz à trubès ! »

Terrible chevalier, toi qui menaces l'Espagne,
Sur ces monts tu transis depuis bien longtemps.
  Roland, console Charlemagne,
Viens, tu apprendras par où tu dois passer.

Quand la Sainte parut dedans son hermitage,
Ses attraits tout d'un coup frappèrent le Paladin,
  Tout ému, comme un enfant,
Rouge.... pâle, tour à tour; avec peine il s'enhardit.

II.

« Jeune Vierge dont l'innocence,
» Près de Dieu a tant de puissance,
» Priez pour moi !... Vierge priez
» Pour que je fasse pour sa gloire,
» Actions dignes de mémoire
» Et que je me garde de tout péché.

» Ah ! qu'ils tremblent, belle Angeline,
» Ceux qui vous ont rendue orpheline !
» Les infidèles seront occis....
» Mais il faut pénétrer jusqu'en Espagne,
» Et si haut s'élève la montagne
» Qu'elle a sauvé les maudits.

» Quel Pélerin saurait la voie
» Sans vous, qui mène à Saint-Jacques ?...
» Vous nous en montrez les sentiers.
» Brillez étoile d'espérance !
» Qu'à votre éclat les fils de France,
» S'élancent à travers les monts ! »

III.

« Lous cabalès coum bous, hortz de lur soul couratye,
  » Desdenhant lous camiis batutz,
» Saben, l'espade en maa, ha-s pertout u passatye,
— Sa ditz la yoene Sante, — « y passen coum l'ouratye
  » Sus lous enemics abatutz....

» Pourtan aquetz guerriès, maügrat lur yentilesse,
  « Quoan Diü s'esta deüs da calou,
» Nou sentin mey en eths qué langou, qué feblesse,
» Fourçats de counfessa qué forces y noublesse
  » Louenh de Diü n'an nade balou.

» Implouratz dounc l'ayud deü qui da la bictoère,
  » Aüs sous pèes yetat p'humblement.
» Que p'ey dat d'esclipsa lous renoums de l'histoère;
» Més tà d'aco, senhou, sapiatz que-p caü encoère
  » U salutari sagrament.

» Couhessat-be.... Pregatz la Bierye immaculade,
  » Entà que p'oubtiengue taü dou
» Que siatz lou mey balen, qué boste loungue espade,
» Per l'Anyou deüs coumbatz aü riu d'iher trempade,
  » Ep rengue toustemps bencedou!

» Brisant lous bouclièS, per qu'arré nou p'arreste,
  » Henent las roqnes y lous pics;
» Y que boste chibaü, glourious de soun meste,
» Bole dens lous coumbats, mey yenerous, mey leste
  » Que nou pas lou deüs enemics. »

III.

« Les cavaliers comme vous, forts de leur seul courage,
    » Dédaignant les chemins battus,
» Savent, l'épée en main, se faire partout un passage.
— « Oui, dit la jeune Sainte, qu'ils passent comme l'orage
    » Sur les ennemis abattus.

» Pourtant tous ces guerriers, malgré leur gentillesse,
    » Quand Dieu cesse de leur donner de l'ardeur,
» Ne sentent plus en eux que langueur, que faiblesse,
» Forcés de confesser que forces et noblesse,
    » Sans Dieu n'ont aucune valeur.

» Implorez donc l'appui de celui qui donne la victoire,
    » A ses pieds jettez-vous humblement.
» Je vous ai donné d'éclipser les renoms de l'histoire,
» Mais pour cela, Seigneur, sachez qu'il faut encore
    » Un salutaire sacrement.

» Confessez-vous.... Priez la Vierge immaculée,
    » Pour qu'elle vous obtienne tel don.
» Soyez le plus vaillant, que votre longue épée
» Par l'ange des combats au fleuve d'enfer trompée
    » Vous rende toujours vainqueur !

» Brisez les boucliers ; que rien ne vous arrête ;
    » Fendez les roches et les pics ;
» Et que votre cheval, glorieux de son maître,
» Vole dans les combats, plus généreux, plus leste
    » Que ceux des ennemis. »

IV.

Et Roland qu'oübedeix.... Soun espade famouse (1)
Qué brise boucliés, y casques, y haübertz.
Lous sourdatz deü croessant, race à l'amne orgulhouse,
De hèr, d'aciè trempat en balles soun cubertz.

Milan n'eüs pot hourga nade prou horte armure.
Lous damas lous mey fiis qu'eüs bolen en esclatz.
Lous us soun d'u rebès soubtement descoulatz,
Y lous aütz soun henutz deü cap à la cinture....

En dabant lous Francés !... De soun talh incantat,
Durandal en pourtaüs aübreix las haütes pennes ;
Coum lou sou hè deü glas, lou prince found las pennes
De Karle-Manhe aüs mountz trop loungtemps arrestat.

Goaratz soun destriè !... Planan dessus lou mounde,
Eth bole ab lou nebout deü sent Emperadou,
Tà pla qué councebem quin l'an poudut counfounde
Dab lou chibaü alat d'u bielh incantadou.

V.

En taüs praübes mourtels, tout die n'ey pas hèste,
Roland qui s'abansabe en teste deüs prumès,
Fremint coum u liou dé laxa sa counqueste,
    Are proutetye lous darrès.

---

(1) La Durandal.

IV.

Et Roland obéit.... Son épée fameuse
Brise les boucliers, les casques, les hauberts !
Les soldats du croissant, race à l'âme orgueilleuse,
De fer, d'acier trempé, vainement sont couverts.

Milan ne peut leur forger aucune assez forte armure,
Les damas les plus fins leur volent en éclats.
Les uns sont d'un revers subitement décapités
Et les autres sont fendus de la tête à la ceinture.

En avant les Français !... De son tail enchanté
Durandal en portail ouvre les hautes montagnes,
Comme le soleil fond la glace, le prince fend les roches
De Charlemagne devant ces monts trop longtemps arrêté.

Regardez son destrier !... Planant dessus le monde,
Il vole avec le neveu du saint Empereur ;
Si bien que l'on conçoit qu'on ait pu le confondre
Avec le cheval ailé du vieil enchanteur.

V.

Pour les pauvres mortels, chaque jour n'est pas fête.
Roland qui s'avançait en tête des premiers,
Furieux comme un lion de lâcher sa conquête,
    Maintenant protège les derniers.

Qu'eü serbeix qué lou sang boureixque dens sas bées,
Quoan caü lexa toutu las Espanhes à part?
Que-s calme chic-à-chic, en pourtan sas idées
      Sus la bieryine de Béarn;

En se representan u cos coum n'an las hades,
Aüta blanc coum la neü qui crob *las Tres-Serous*, (1)
Poutins frescs y bermelhs, peüs en tresses daürades,
      Oeilhs nègres, clareyantz y dous....

Més *lou Droc* (2) que-s biengou méte de la partide,
Qué he peca Roland.... Puix la mourt qu'arriba,
Y lou bèt cabalè recebou taü crouxide
      Que yamès plus eth nou-s lheba.

Nou-s mouri pas de cop.... Si lou pecat ens damne,
Lou repentit aü menhs répare la bertut.
Sens doute qu'en lou sou Roland laba soun amne
      Lou Bouen-Diü l'aye recebut!

—

De Yesus Nouste-Senhe houndrem la Sente May,
Aux aütes Santz tabé rengam u yuste houmatye,
Ta que'ns denhe goarda nouste céleste Pay
De tout mal espérit, dé pecat y damnatye.

                  V. BATAILLE.

---

(1) Le Pic du Midi d'Ossau se nomme dans le pays : *Lou Pic de las Tres-Serous.*
(2) Le diable, le démon, le tentateur.

Que lui sert que le sang bouillonne dans ses veines,
Quand il lui faut laisser les Espagnes à part?
Il se calme peu à peu, en portant ses idées
    Sur la Vierge de Béarn.

En se représentant un corps comme celui des fées,
Aussi blanc que la neige qui couvre *les Trois Sœurs*.
Lèvres fraîches, vermeilles, cheveux en tresses dorées,
    Œils noirs, brillants et doux.

Mais le *Droc* vint se mettre de la partie ;
Il fit pécher Roland !... Puis la mort arriva,
Et le beau chevalier reçut une telle atteinte
    Que jamais plus il ne se leva.

Il ne mourut pas du coup.... Si le péché nous damne
Le repentir au moins répare la vertu.
Sans doute qu'en son sein Roland lava son âme,
    Que le bon Dieu l'ait reçu !

De Jésus notre Seigneur honorons la Sainte Mère,
Aux autres Saints rendons un juste hommage
Pour qu'il daigne nous garder notre céleste Père
    De tout mauvais esprit, de péché et dommage.

V. Bataille.

LA CAPTIVITAT DE FRANÇOIS Ier.

Quoan lou rey parti de France,
Counquéri d'aütes pays.
A l'entrade de Pavie
Lous Espagnols bé l'han pris.

— Ren-té, ren-té, rey de France !
Que si nou, qu'és mourt ou pris.
— Qu'in seri lou rey de France ?
Que jamey jou nou l'hey bis.

Qu'eü lheban l'ale deü mantou
Trouban l'y la flou de lys ;
Qu'eü me prenen, qu'eü liguen
Dens la prisou que l'han mis.

Dehens ûe tour escure
Jamey sou ni lue s'y ha bis
Si nou, per ûe frinestote
U postilhou bet béni.

LA CAPTIVITÉ DE FRANÇOIS Ier.

Quand le roi partit de France,
Conquérir d'autres pays,
A l'entrée de Pavie
Les Espagnols l'ont pris.

— Rends-toi, rends-toi, roi de France,
Sans cela, tu es mort ou pris.
— Comment serai-je le roi de France,
Quand jamais je ne l'ai vu.

On lui leva l'aile du manteau,
On y vit la fleur de lys ;
On le prend, on le lie,
Dans la prison on l'a mis.

Dedans une tour obscure
Où jamais ne se vit soleil ni lune,
Sinon par une petite fenêtre
Un postillon vit venir.

— Postilhou, qué lettres portes?
Qué s'y counte t'a Paris?
— La nouvelle que jou porti,
Lou rey qu'es mort ou bien pris.

— Tourne-t-én postilhou en poste !
Tourne-t-en en tà Paris !
Arrecoumendem à ma fème
Tabé mous infants petits !

Que hassen batte mounède
La que sie dens Paris ;
Que m'en embien üe cargue
Per rachetam' aü pays !

— Postillon, quelles lettres tu portes ?
Que raconte-t-on à Paris ?
— La nouvelle que je porte,
Le roi est mort ou pris.

Reviens-t-en, postillon en poste,
Retourne-t-en à Paris ;
Recommande-moi à ma femme
Ainsi que mes enfants petits.

Qu'ils fassent battre monnaie
Celle qui se trouve à Paris,
Qu'on m'en envoie une charge
Pour me racheter au pays !

LAS TRES COULOUMBES DE CAÜTÉRÉS.

Aüs Thermis de Toulouse
Ue fountan clare y ha.
S'y bagnan paloumettes ;
Aü noumbre soun dé tres.

Tan s'y soun bagnadettes,
Penden dus ou tres més,
Qu'han prés la bouladette,
T'aü haüt de Caütérés.

Digat-me, paloumettes,
Qui ey à Caütérés?
Lou rey et la reynette,
S'y bagnen d'ab nous tres.

Lou rey qu'ha ue cabane,
Couberte qu'ey de flous ;
La reyne qu'en ha gn'aüte,
Couberte qu'ey d'amous.

LES TROIS COLOMBES DE CAUTERETS.

Aux Thermes de Toulouse
Il y a une claire fontaine ;
S'y baignent des palombes
Qui sont au nombre de trois.

Elles s'y sont tant baignées,
Pendant deux ou trois mois,
Qu'elles ont pris leur volée
Vers le haut de Cauterets.

Dites-moi palombes
Qui est à Cauterets?
Le roi et la reine
S'y baignent avec nous trois.

Le roi a une cabane
Toute couverte de fleurs ;
La reine en a une autre
Toute couverte d'amours.

COUROUNE POÉTIQUE

Entà l'inauguratiou deü Mounument dé Despourrins.

Ya lounten, mais toutjour, toutjour m'en soubendrèy,
Dins uno grando bilo un gran councèr sounabo,
    Et la foulo mudo, esperâbo
    Lou prumè cantayre del Rèy,
Et Labigne parey ! — mais ô doublo surpreze !
    Bestit en mountagnol, à la capo Biarnezo,
    Amay lou burret négrillous
    Et d'uno bouès fresco, tindanto,
    Lou bachi, l'èl en fèt, que canto :
La haout sus la mountagno un pastou malhurous !

    Et talèou tout'aquelos amos,
S'estaquèron as pots del gran Cantayre en dol ;
Et dins lou mounde apèy, puple, Moussus et Damos
Rediziou a tengut lou chan del Mountagnol.
Et la cansou pourtan abio cent bint annados,
Et sur milo consous Francezos et fardados

COURONNE POÉTIQUE

Pour l'inauguration du Monument de Despourrins.

Il y a longtemps, mais toujours, toujours je m'en souviendrai,
Dans une grande ville un grand concert retentissait,
 Et la foule muette attendait
 Le premier chanteur du Roi ;
Et Lavigne parut ! — Mais ô double surprise !
 Vêtu en montagnard, avec la cape Béarnaise,
 Portant le berret noirâtre
 D'une voix fraîche, brillante,
 Le voilà, l'œil en feu, il chante :
La haüt sur la montagne un Berger malheureux !

 Et aussitôt toutes ces âmes,
S'attachaient aux lèvres du grand chanteur en deuil,
Et dans le monde après, peuple, Messieurs et Dames
Disaient il a bien retenu le chant du montagnard.
Et la chanson pourtant avait cent vingt années,
Et sur mille chansons Françaises et fardées

Qu'encrumisquêt per jamay,
La *Bearnezo* pertout encantado, redito,
Tournèt préné forço et bito
Per cent annados de may!!

Mais tabè quin poulit lengatge !
Qualo simplicitat ! qual tendre sentimen !
Coumo aquelo cansou pintro fidèlomen
Un puple que créziou saoubatge,
Et qu'aoutan que l'Amou parlo amourousomen.

De flous ! de loauré ! d'immortèlos !
Pel Poëto Biarnés ! tout lou païs l'in diou ;
Gran, a cantat pel puple, et soun noum toutjour biou,
Et sas cansous toutjour noubélos
Nou s'en hân pas couma tan de cansous,
Goutos d'aygo, se perdre al gran riou droumillous.
Oh ! nani, nani ! soun uno fresco rouzado
Que goutejo toutjours et jamay s'estaris,
Et lou tendre pastou dins soun amo aluquado
La recèt et s'en rafresquis !!

Pastous, poëtes, muziquayres,
D'un triple et gran councèr fasquen brounzi lous ayres !
Qu'aquès bièls rocs tan haouts trambolen estounats !
Et bous aous, nostres goubernayres,
Daycha-nous festéja nostre Poëto en pats !
Car s'ayman à parla la lengo del jouyne atge,

Qu'il obscurcissait pour toujours,
La *Béarnaise* partout enchantée et redite,
    Reprit force et vie
    Pour cent années de plus !!..

    Mais aussi quel joli langage !
Quelle simplicité ! quel tendre sentiment !
Comme cette chanson dépeint fidèlement
    Un peuple qu'on croyait sauvage,
Et qui aussi bien que l'amour parle amoureusement,

    Des fleurs ! du laurier ! des immortelles !
Pour le poète Béarnais ! tout le pays lui en doit ;
Grand, il a chanté pour le peuple, et son nom vit toujours,
    Et ses chansons toujours nouvelles,
    Ne s'en vont pas comme tant de chansons,
Goutes d'eau, se perdre au grand ruisseau de l'oubli.
    Oh ! non, non, elles sont une fraîche rosée,
    Qui coule toujours et jamais ne tarit
Et le tendre pasteur dans son âme altérée
    La reçoit et s'en rafraîchit.

    Pasteurs, poètes, musiciens,
D'un triple concert faisons retentir les airs !
Que ces vieux rocs si hauts tremblent étonnés,
    Et vous autres nos gouvernants,
Laissez-nous fêter notre poète en paix !
Car si nous aimons à parler la langue du jeune âge,

Acos entre nous aous ; perqué n'en prene oumbratge?
Es-qu'à la mêmo foun la France beou?
      Lou *Nord*, ches el a soun bizàtge,
      Ches el lou *Metjour* a lou seou!
Qu'es la Franço? uno grando, une forto famillo
De Bretouns, de Picars, de Gascous, de Biarnés!
  Mais sèn touts frays! et sa glorio que brillo,
Touts boulèn la deffendre, et sé ligats entrés,
      Lous estrangès, jalous l'oumbrejon,
Bretous, Biarnés, Gascous, touts alors s'abarrejon,
Touts alors nou fan qu'un, et truquan en Francés!!

Daycha-nous doun canta! pastourèls, pastourèlos,
    De flous! de laourè! d'immortèlos!
Pel Poèto Biarnés, coumo ne s'en plebio.
Que cadun en cantan li trèsse uno courouno,
      Bezès que ma Muso gascouno
A caminat trés jours per li pourta la sio!!

Et moun but és ramplit, et de parti souy prèste ;
      Mais aban de bous dire, adiou,
Crezès que m'en baou fièr d'ab'éstat lou gran Prèste (*)
Sul l'aouta mountagnol, oun Despourrin ès Diou!!

                        JASMIN.

(*) Jasmin avait été invité comme Grand-Prêtre de la fête.

Cela est entre nous ; pourquoi en prendre ombrage ?
Est-ce qu'à la même fontaine la France boit ?
  Le *Nord* chez lui a son visage,
  Chez lui, le *Midi* a le sien !
Qu'est la France ? une grande, une forte famille
De Bretons, de Picards, de Gascons, de Béarnais !
 Mais ils sont tous frères, et sa gloire qui brille,
Tous veulent la défendre ; et si ligués entr'eux,
  Les étrangers jaloux lui portent envie,
Bretons, Béarnais, Gascons, tous alors se réunissent,
Tous alors ne font qu'un, et frappent en Français !!

Laissez-nous donc chanter ! Pasteurs et Pastourelles !
  De fleurs, de laurier, d'immortelles,
Pour le poète Béarnais comme s'il en pleuvait.
Que chacun en chantant lui tresse une couronne,
  Vous voyez que ma muse Gasconne
A cheminé trois jours pour lui porter la sienne.

Et mon but est rempli ; à partir je m'aprête,
  Mais avant de vous dire adieu,
Croyez que je m'en vais fier d'avoir été le Grand-Prêtre
Sur l'autel montagnard où Despourrins est Dieu !!

       JASMIN.

A DESPOURRINS.

Lous Diüs dé temps passat, coum lou hilh dé Marie,
Si touts nou badèn pas en quaüqu'escuderie,
　　Aü raz deüs boueüs, deüs agnets, deüs moutous;
Coum lou Diou dé bertat, si lous Diüs dé la fable,
Si touts nou badèn pas aü miey dé quaüqu'estable,
　　Qu'aüques-us qué badèn pastous.

. . . .

　　Ataü tu quan badous aü pè deü mount dé Pouey,
Cyprien, aü bèt miey d'ù pailhat dé flourettes,
Leü qué passés aüs bras dé noustes pastourettes,
Y courounat de flous, per éres bajoulat,
Sus lurs blancs couchinets qu'et sentis aloulat.
Deüs pastous adourat coum l'enfan deü miracle,
Qu'eus parlès aüta leü coum ù pétit ouracle
Y tout emberbéquits dé ta gaüjouse humou,
Qu'apprengoun à parla la lengue dé l'amou.
Oui dé l'amou!.... Diü sab aquet poülit lengatye,
Chic à chic qui'n gagna dé bilatye en bilatye,
Y taü coum foun la neü aü soureil deü boun Diü,
Qui'n sourtin aüta leü lous Aspés dé l'oumpriü.

A DESPOURRINS.

Les Dieux du temps passé, comme le fils de Marie,
Si tous ne naquirent pas dans quelqu'écurie,
    Auprès des bœufs, des agneaux, des moutons,
Comme le Dieu de vérité, si les Dieux de la fable,
Si tous ne naissent pas au milieu d'une étable,
    Quelques-uns naissent pasteurs.

. . . .

Ainsi lorsque tu naquis au pied du mont de Pouey,
Cyprien, au beau milieu d'un tapis de fleurs
Bientôt tu passas dans les bras de nos pastourelles,
Et couronné de fleurs, par elles dorloté,
Sur leurs blancs coussinets tu te sentis porté.
Des pasteurs adoré comme l'enfant du miracle,
Tu leur parlas aussitôt comme un petit oracle
Et tous émerveillés de ta joyeuse humeur
Ils apprirent à parler la langue de l'amour.
Oui de l'amour... Dieu sait ce poli langage,
Peu à peu gagna de village en village,
Comme fond la neige au soleil du bon Dieu,
Comment sortirent aussitôt les Aspois de l'ombre.

L'esprit coum l'aüzéret, à l'array qu'és desbeilhe,
Eths desempusch n'aboun de groussiè qué la peilhe
Y lous pics y lou Gabe en lurs arricouquets
Rédigoun lous plasés y lous goueys deüs pouquets.

Ta lengue nouste may badude à la mountagne;
Qué nous plats qu'à l'eslou d'ue berde campagne;
Qu'ayme las flous, lou sou, lou ceü blu pla stellat,
Y lou Gabe oùn cent cops, soun froun s'ey mirailhat.
Qu'arribèn après tu lous cantayres dé bille,
Hourcastremé, Mesplès, Bitaübé, Foundébille,
Y tant d'aütès après..... Mey lous noustés pastous,
Dé tan d'arrépourès, nou gouardèn què lous tous.

Penden u siècle d'or desempusch ta biengude,
Noustés Pays qué cantèn toun *Anesque pergude* (*),
Lou malhurous Pastou, dab la *Beryère en plous*,
Y soun *Fidel Pigou*, sensible à lurs doulous,

Més u die pourtan, la troumpette guerrière,
Qu'eüs dits qué l'ennemic, qu'a passat la frountière.
La fanfare aüta leü qué succède aü clari,
Coum lou cant dé Rouget-de-L'Isle, à Despourri.
Mey pourtan lous Aspés en courren à l'armade,
Qu'és broumben dé tou pay y dé sa triple espade,
Y lous tendrés pastous, lous nounchalens aülhés,
Qu'és lhébèn aüta leü terribles fusilhès!

(*) Quatre des plus jolies chansons de Despourrins.

L'esprit comme l'oiseau, au soleil se réveille,
Eux depuis lors n'eurent de grossier que leurs vêtements
Et les Pics et les Gaves dans leurs fêtes
Redirent les plaisirs et les peines de leurs enfants.

Ta langue notre mère, née à la montagne
Ne se plaît qu'à la fraîcheur d'une verte campagne ;
Elle aime les fleurs, le soleil, le ciel bleu parsemé d'étoiles
Et le Gave où cent fois son front s'est miré.
Arrivèrent après toi les chanteurs de la ville,
Hourcastrémé, Mesplés, Bitaubé, Fondeville,
Et tant d'autres après..... Mais nos pasteurs,
De tant de proverbes n'ont gardé que les tiens.

Pendant un siècle d'or, depuis ta bienvenue,
Notre pays a chanté ton *Agnelle perdue*,
Le malheureux Pasteur, avec la *Bergère en pleurs*,
Et son *Fidèle Pigou*, sensible à ses douleurs.

Mais un jour pourtant la trompette guerrière,
Leur dit que l'ennemi a passé la frontière,
La fanfare aussitôt succède au chalumeau,
Comme le chant de Rouget-de-L'Isle à Despourrins.
Mais cependant les Aspois en courant à l'armée,
Se souvinrent de ton père et de sa triple épée,
Et les tendres pasteurs, les nonchalans bergers
Se levèrent aussitôt terribles fusiliers !

Aüs noumbrous ennemics qui coum la mar prégouné,
Peüs sendès dé Lescu, coum peüs boscs de l'Argoune,
Biéné houné sus nous, qu'aboun tàs ha rampeü?
Qu'aboun la Marseilhése! y qu'aboun ü drapeü!
Qu'eü calè tiéne haüt, y qu'en aboun la tailhe!
Penden vingt-et-cinq ans, qué dura la bataïlhe!
Oùn l'hyher, oùn lou Ceü, per nous qu'estou pourtat;
Qué deffendem lou soü, l'aünou, la Libertat!!
Touts lous Reys qui labets, es gaüsen ha la guerre,
Qu'és bédoun oubligats dé mette jouilh à terre.
Y dé touts aquets frays, qui s'èren, Diü qui crey,
Heïts souldats, ou démouns! — bèt ü qu'és bira Rey.

Y crédés qu'aquet Rey qui hé d'aütes campagnes;
Qu'és desbroumba jamey la *Haüt sus las Mountagnès!*
Y si dé souns Suédouès, lheü n'arrestè lous pas,
Dab quaüques diü-bibans qui nou coumprénèn pas?
Si quoan quaüque bersét deüs tous é l'espéroune,
Nou l'arribe souben, la ma sus sa couroune,
Dé dise : « Diü bous ayde! » estounat, Diü qu'at sab,
Dé n'abé pas engouère u berrét sus lou cap!

Taü coum lous pouriquets é séguin la garie,
Ataü qu'ens sec pertout la boutz dé la patrie.
Y si lous ribérés la bédén en trabès,
Déban lou mountagnoü qu'és quilhe sus lous pès!
Aquiü, déban lous oueïlhs, toustem qué l'a présente,
Si noü gahe lou maü dé la patrie absente.

Aux nombreux ennemis qui comme la mer profonde
Par les sentiers de Lescun, comme par les bois de l'Argonne,
Venaient fondre sur nous, ils eurent pour se faire un rempart,
Ils eurent la Marseillaise ; ils eurent un drapeau ;
Il fallait le tenir haut, ils en eurent la taille !
Pendant vingt-cinq ans que dura la bataille,
Où l'enfer, où le ciel, par nous était porté,
Nous défendions le sol, l'honneur, la liberté ! !
Tous les Rois qui alors osèrent nous faire la guerre,
Se virent obligés de mettre genou terre,
Et de tous ces frères, qui s'étaient, Dieu je crois,
Fait soldats, ou démons !... Un d'entr'eux devint Roi.

Croyez-vous que ce Roi qui fit d'autres campagnes,
Oublia jamais *La haüt sus las Mountagnes !*
Et si de ses Suédois, peut-être il n'arrêta les pas,
Avec quelques *dieu-vivant* qu'ils ne comprenaient pas ;
Si quand quelques versets des tiens l'aiguillonne,
Il ne lui arrive souvent, la main sur sa couronne,
De dire : *Dieu vous aide !* étonné, Dieu le sait,
De n'avoir pas encor sur la tête un berret !

De même que les petits poulets suivent la poule,
Ainsi nous suit partout l'amour de la patrie,
Et si les hommes de la plaine la voient de travers,
Devant les montagnards elle se lève sur les pieds.
Là, devant les yeux, toujours il l'a présente,
S'il ne lui prend le mal de la patrie absente.

Tu qu'en as tout l'aünou !... Mey tabé Cyprien,
Quoan débara lou brut d'aquét bèt mounumen,
Qué lous brabes Aspés empounden à ta glori !
Présens, absens, à touts, qu'ens biengous en mémori.
Taüs Biarnés dé France, y taüs dé l'estrangè,
Qué nou j'abou qu'u crit de Stockolm à Algè.
Reys, pastous, coum aü brès dé l'Enfan dé Marie,
Qué pourtèn lou tribut aü bilh dé la Patrie.
U Rey d'abord !! Après biengoun lous députats !
Lous qui n'an dé prégoun.... Pusch lous brabes souldats
Qui n'an pas descoubert aüs sables dé l'Affrique,
Las mines deü Pérou, ni l'or dé l'Amérique ;
Y coum moussu Bugeaud, n'an pas crédit oubert
Tà tira soüs boudjous dé mous d'Abdel-Kader !
Mey lou cô qué hè tout.... Après la gen d'espade
Qu'an pague hère chic.... Nous aüts qu'em chens soutade ;
Qu'at sabes, Cyprien, qu'em praübes lous pastous,
Y tounnuts aütà raz qué lous noustés moutous !
Mey toutu quoan aürem las oüilhes entécades,
Quoan nou pouyrem paga las darrères bacades ;
Quoan s'ens deüré séca lou grulh entré lous dits ;
Quoan sé deürem mouri dé hami coum oun dits ;
Plus leü qu'ens bénérem la salière y la cape,
Dinquaü darrè bassiü, y la darrère crape,
Mey-leü qu'aüs arrè-hilhs poudousson dise arrens :
« Toun pay qué desnéga lou noum dé Despourrens ! »

X. Navarrot.

Toi, tu en as tout l'honneur !... Mais aussi Cyprien,
Quand se répandit le bruit de ce beau monument,
Que les braves Aspois élèvent à ta gloire,
Présents, absents, à tous, tu nous vins en mémoire.
Pour les Béarnais de France et ceux de l'étranger,
Il n'y eut qu'un seul cri de Stockolm à Alger.
Rois, Pasteurs, comme au berceau de l'Enfant de Marie,
Ils portèrent le tribut au fils de la patrie.
Un Roi d'abord !! après vinrent les Députés !
Ceux qui en ont de profond... puis les braves soldats
Qui n'ont pas découvert aux sables de l'Afrique
Les mines du Pérou, ni l'or de l'Amérique,
Et comme Monsieur Bugeaud, n'ont pas crédit ouvert
Pour tirer sur les boudjous de Monsieur Abdel-Kader ;
Mais le cœur a fait tout.... Après la gent d'épée
A fort peu d'argent... Nous autres n'avons pas de traitement ;
Tu le sais, Cyprien, nous sommes pauvres les Pasteurs,
Et tondus aussi ras, hélas! que nos moutons.
Mais cependant lors même que nous aurions les brebis malades,
Quand nous ne pourrions payer les dernières *bacades*,
Quand devrait se sécher le *breuil* entre les doigts,
Quand nous devrions mourir de faim comme on dit ;
Nous vendrions plutôt la salière et la cape,
Jusqu'au dernier agneau et la dernière chèvre,
Plutôt qu'à nos derniers neveux personne pût dire :
« Ton père a renié le nom de Despourrins. »

X. N<small>AVARROT</small>.

LOU BIEILH OÜLOUROU.

Du mantou blu dé ceü, lous pics qué t'amantoulon ;
Lous dus Gabes d'argen, coum dus jumeüs qui coulon,
Qu'et cinton lous coustats, y coum dé diamants,
Deü houec dé lurs calhaüs hèn rélusi lous flancs.

Toun courset dé ramparts y dé bielhes muralhes,
Per lou temps esquissat, qu'enseigne las entralhes,
Doun saüton las maysous, ta s'ésténé s'aü soü,
Pinnan coum lous moutous qui ban tà l'arrayoü.

Y ta raübe aü printemps, peü boun Diü pingourlade,
Dé boscs, dé camps, dé prats, tan béroy pigalhade,
Quoan y joguon deü sou lous arrays réunits,
Lous amous dab l'aüzet, bey dében ha lurs nids.

NAVARROT.

LE VIEIL OLORON.

D'un manteau bleu de ciel, les pics *t'amantèlent;*
Les deux *Gaves* d'argent, comme deux jumeaux qui coulent,
Te ceignent les côtés, et comme de diamants,
Du feu de leurs cailloux, font reluire tes flancs.

Ton corset de remparts et de vieilles murailles,
Par le temps déchiré, laisse voir tes entrailles,
D'où sautent les maisons, pour se répandre sur le sol,
Par bonds, comme les moutons qui courent au soleil.

Et ta robe au printemps, par le bon Dieu diaprée,
De bois, de champs, de prés, si joliment marquetée;
Lorsque tous les rayons du soleil y jouent,
Les amours, avec les oiseaux, doivent y faire leurs nids.

LOU PASTOU MALHUROUS.

D'aüta yense pastouroulette
Qui hou yamey tan amourous !
Et qui pourtan, ingrate Annette,
E hou yamey tà malhurous !

Ah ! la noueyt la mey éstigglade
Qué y a mench dé lugras peü ceü ;
Péndén l'hyber, sus la soustrade
Qué cad mench dé plumailhs dé neü ;

La brane en flou qu'a mench d'abeilhes,
Lou bouscatye qu'a mench d'aüztès ;
U camp laürat mèy chic d'areilhes,
Et lou Pount-Loung, mench dé troupèts ;

LE PASTEUR MALHEUREUX.

D'aussi gentille bergère
Qui fut jamais tant amoureux
Et qui pourtant, ingrate Annette,
Fut jamais aussi malheureux ;

Ah ! la nuit la plus étincelante,
A moins d'étoiles au ciel ;
Pendant l'hiver, sur la fougère,
Il tombe moins de flocons de neige ;

La bruyère en fleur a moins d'abeilles,
Le bocage a moins d'oiseaux,
Un champ labouré a moins de sillons,
Et le *Pont-Long* (1), moins de troupeaux ;

---

(1) Grande lande dans laquelle les pasteurs de la vallée d'Ossau font paître leurs troupeaux.

L'aütone qu'a mench dé souquettes,
L'estiü qu'a mench dé ségadous ;
Lou més dé May, mench dé flourettes
Et qué bét bade mench d'amous ;

Lou Gabe qui descend ta réde,
Qu'a mench dé gras sus lou sablat,
Qué dé chagris é m'as heyt béde,
Et qué dé larmes m'as coustat !

Hatoulet. — 1825.

L'automne a moins de pampres,
L'été a moins de moissonneurs ;
Le mois de mai a moins de fleurs,
Et voit naître moins de d'amours.

Le Gave, qui descend si rapide,
A moins de grains de sable sur les rives,
Que tu ne m'as causé de chagrins,
Que tu ne m'as fait verser des larmes !

LOUS DUS HAZAAS.

Fable.

Dus hazàas qu'èren fort amics,
Ue poule arriba ;... d'abord que hén aüs pics !
Amou qu'ey tu qui liürès las batalhes,
Qui d'Illioun en houéc, d'arrouquèn las muralhes ;
    Oun bin même la sang deüs Diüs,
    Courré d'ab l'aygue deüs arriüs.
    Loung temps qué dura la querelle
    Et de lur terrible furou,
    Pertout s'eschémia la noubelle.
    La pouralhe aüta leü courrou,
      Et mantue balente,
      A la plume-luzente,
    Qué hou la part deü qui bincou ;
    Lou truquat qué disparéxou,
    Tristé, alébat, l'âle pénente,
Aü houns deü bosc que s'en ana hountous,
    Ploura sa glori et sas amous ;
    Sas amous, qu'ùgnaüt poussédabe,
    Et chens pudou, daban eth caressabe ;

LES DEUX COQS.

Fable.

Deux coqs vivaient en paix : une poule survint,
  Et voilà la guerre allumée.
Amour, tu perdis Troie ! et c'est de toi que vint
  Cette querelle envenimée,
Où du sang des dieux même on vit le Xante teint !
Long-temps entre nos coqs le combat se maintint.
Le bruit s'en répandit par tout le voisinage :
La gent qui porte crête au spectacle accourut ;
  Plus d'une Hélène au beau plumage
Fut le prix du vainqueur. Le vaincu disparut :
Il alla se cacher au fond de sa retraite ;
  Pleura sa gloire et ses amours ;
Ses amours qu'un rival tout fier de sa défaite
Possédait à ses yeux. Il voyait tous les jours
Cet objet rallumer sa haine et son courage :
Il aiguisait son bec, battait l'air de ses flancs,
  Et s'exerçant contre les vents,
  S'armait d'une jalouse rage.
Il n'en eut pas besoin. Son vainqueur sur les toits

Lou heü eslat de raüye et de yalou,
 Moun hazàa lou bèc s'agusabe,
Que s'eschalabatè, la terre espernicabe,
 Tan lou trigabe d'es benya.
Nou n'abou pas besounh, l'aüte s'ana puya,
 Aü soum d'ù teyt canta bictori.
La toure qu'entenou lou cant deü banitous,
 Adiü, las amous, et la glori,
Tout aquéro péri débat l'urpe sangcnous
 Et per ù retour bien hurous,
 De nabèt près de sas pourettes,
 L'aüt tourna ha mille arroudettes
 Et s'esgaüdi tant qui boulou,
 Diü sab si labéts eth bragabe!
 Si cantabe, si clouquéyabe,
 Et quoan de hemnottes abou!...

Ataü qu'en apareix à l'insoulen qui's ralhe,
Deü praübe malhurous qui houre débat eth;
Lou superbe souben à sa perte tribalhe,
L'infourtune qué pot balbaü bêt camuflét.
Meschidapé deü sort, amics, si m'en crédét,
 Quoan mèy semble queb amigalhe.

Hatoulet. — 1824.

S'en alla percher et chanter sa victoire.
Un vautour entendit sa voix :
Adieu les amours et la gloire ;
Tout cet orgueil périt sous l'ongle du vautour.
Enfin, par un fatal retour
Son rival autour de la poule
S'en revint faire le coquet.
Je laisse à penser quel caquet ;
Car il eut des femmes en foule.

La fortune se plaît à faire de ces coups :
Tout vainqueur insolent à sa perte travaille :
Défions-nous du Sort, et prenons garde à nous,
Après le gain d'une bataille.

Lafontaine.

LOU PASTOU TIMIDE.

Idylle.

U youen et-maluroux pastou,
Segut aü pé d'û ber, près d'ûe aïgue bribente,
S'oucupabe dé soun amou,
Et disè d'ûe bouts doulente :

« Quoan you parti l'estiü passat,
T'ana gouarda lou troupèt sus la plane,
Annette qu'ère chine ; are, quoan soy tournat,
Qué l'ey troubade et tà bère et tà grane,
Qu'à souns attraïts moun cô s'ey embescat.
Coum aü darè dé l'oüilhe é seg toustem l'agnère,
Hens lous cams, hens lous prats et dinqu'aü soum deüs rocs,
You taü médich séguéchi ma beryère,
Et roundeley'aü-tour d'ère en touts locs.
Més plus bergougnous qu'û maïnatye,
Si m'espie, qué soy 'rouye coum û carbou.
Labets l'arrisoulet qu'eü bien sus lou bisatye,
Mès d'û air trufandè, qui-m' tire lou couratye,
Deü ha counéché moun amou.

LE PASTEUR TIMIDE.

Idylle.

Un jeune et malheureux pasteur,
Assis auprès d'un saule, sur le bord d'une eau courante,
S'occupait de son amour,
Et disait d'une voix dolente :

« Quand je partis, l'été passé,
Pour aller garder le troupeau dans la plaine,
Annette était petite ; maintenant quand je suis revenu
Je l'ai trouvée et si belle et si grande,
Qu'à ses attraits mon cœur s'est englué.
Comme après la brebis suit toujours l'agnelette,
Dans les champs, dans les prés, jusqu'au sommet des rocs,
Moi de même je suis ma bergère
Et je rôde autour d'elle en tous lieux.
Mais plus timide qu'un enfant,
Si elle me regarde, je deviens rouge comme un charbon ardant.
Alors un sourire lui vient sur le visage,
Mais d'un air moqueur, qui m'ôte le courage
De lui faire connaître mon amour.

Coum lous aüts pastous deü bilatye,
Si, dab ère, cm sabi liüram à la gaüyou
Et houleya hens lou bouscatye,
Qué coumenceri l'heü de la m'amigalha.
 Dab cacaliques sus la talhe,
 Qué la héri bèt drin saüta;
 Ou qu'eü héri, d'ab bére palhe,
 La mousque tà la hà grata;
Ou tà qu'estousse à las endébinalhes,
Qu'eü cluquéri lous ouelhous dab la màa;
 Més aü hà las mendrés gaüziailles,
 You noum' gaüzi pas hazarda.
Quoan la quitti lou sé, qué soy hens la tristesse;
 Toute la noueyt, alenguit dé doulou,
 Qué m'indigni dé ma péguesse,
Qui m'empèche deü hà counéche moun ardou;
 Et dé poü qu'ugnaüte pastou,
 Mench amourous, més mey plé dé hardiesse,
Nou s'ane amouracha dé ma youenne mestresse,
 Et garbéyam' soun courichou,
Qu'em hey taü lendouma la plus bère proumesse,
 Deü déclara franquamen moun amou....
 Lou die é bien? Près dé l'amistouzette,
Qué baü birouleya, coum ù peich endrougat;
Més chens gaüza parla dé ma peine secrette....
 Bey dounc malhurous lou mé hat! »

Disen lous darrès mouts, lou pastou s'ey lhébat.
Qu'enten ù brut, darrè quaüque branquette,
 Qués bire, et crét qué l'an enbisecglat,
 Quoan aperceü sa chère Annette....

Comme les autres bergers du village,
Si, avec elle, je savais me livrer à la joie
　　Et folâtrer dans le bocage,
Je commencerais peut-être à m'en faire aimer.
　　Avec des chatouilles sur la taille,
　　Je la ferais un peu sauter,
　　Ou je lui ferais avec une paille
　　La mouche pour la faire grater,
　Ou pour la mettre à deviner,
　Je lui placerai la main sur les yeux ;
　　Mais à lui faire les moindres caresses,
　　Je n'ose pas me hasarder.
Quand je la quitte le soir, je suis dans la tristesse ;
　　Toute la nuit, plongé dans la douleur,
　　Je m'indigne de ma faiblesse,
Qui m'empêche de lui faire connaître mon ardeur ;
　　Et de peur qu'un autre pasteur,
　Moins amoureux, mais plus plein de hardiesse
N'aille s'amouracher de ma jeune maîtresse
　　Et s'emparer de son cœur,
Je me fais pour le lendemain la plus belle promesse
De lui déclarer franchement mon amour.
　Le jour paraît-il ; près de la bien-aimée,
Je viens tourner comme un poisson empoisonné,
Mais sans oser parler de ma peine secrète ;
　　Que mon sort est donc malheureux !... »

En prononçant ces derniers mots le pasteur s'est levé.
Il entend du bruit derrière quelques broussailles ;
　Il se retourne, et ne peut en croire ses yeux,
　　Quand il aperçoit sa chère Annette !...

14

Qu'ey bien ere médiche, et nou s'ey pas troumpat.
Qué cercabe soun fray à trubés deü bouscatye ;
 Crédén qu'ère eth, tout-dous qué s'approucha,
 Taü dà l'estreyte ; et s'entenen nouma,
Ere s'ère escounude, aü bèt miey deü brancatye,
 Tà poude à soun ayse escouta.
 Malgré taü bénalèye hurouse,
 Tous dus qu'èren estramousits.
Més lou pastou, lous ouelhs encouère engourgoucits,
 Bédou la beryère hountouse ;
 Et sé pensa : *Lous prémès mouts soun dits ;*
Et fini deü hâ part de sa peine amourouse.
 Si prengou d'abord l'air fachat,
 Aquet air, nou dura pas hère.
 Balleü, tous dus séguts sus la heuguère,
 Qués hen bint sermens d'amistat....

 Lou pastou qué sère troumpat,
 L'arrisoulét de la beryère,
 N'ère pas aütà trufandè,
 Coum soun amourous at crédè.
L'amou qui la tiénnè dens sas douces cadénes,
Qu'eü rendè lou cô mont, coum lou cô dé l'escheü ;
Et lou pastou, qués housse espargnat hère peines,
 Si s'ère esplicat drin plus leü.

E. Picot.

C'était bien elle, il ne s'est pas trompé.
Elle cherchait son frère à travers le bocage ;
  Croyant que c'était lui, doucement elle s'approcha
  Pour lui faire une surprise ; et s'entendant nommer,
Elle s'était cachée au milieu du branchage,
    Pour pouvoir à son aise écouter....
    Malgré cette heureuse aventure,
    Tous les deux restaient tous interdits ;
Mais le pasteur les yeux encore humides,
    Voyant la bergère honteuse,
  Pensa : *Les premiers mots sont dits ;*
Et finit de lui faire part de sa peine amoureuse.
    Si elle prit d'abord l'air fâché,
    Cet air là ne dura guère.
  Bientôt assis sur la fougère,
Ils se firent vingt serments d'amitié....

    Le pasteur s'était trompé ;
    Le sourire de la bergère,
    N'était pas aussi moqueur
    Que son amoureux l'avait cru.
L'amour qui la tenait dans ses douces chaînes,
Rendait son cœur aussi mou que le cœur du sureau,
Et le berger se serait épargné bien des peines
    S'il eut parlé un peu plutôt.

E. Picot.

RÈBÉ DÉ L'ABBÈ PUYOO.

(EXTRAIT.)

A péne dens moun lheyt lou flaugnac droumilhou
Dé mouns sens afflaquits prénè poussession,
Quoan l'esprit ayitat dens û rèbé m'esgare
A trubès mounts y prats, auprès d'ûe ounde clare
Qui roullabe chens péne ens û petit balou,
Tout pingourlat de flous de mantue coulou.

En aquet loc charman, chérit de la nature,
Ue hemme qu'ey abé d'esclatante figure,
Tout en ère tiennè de la Dibinitat,
Brilhante coum lou sou dens sa simplicitat,
Nou bédèn pas en ére inutile parure,
Nou couneix pas lou fard ni l'art de la coueyfure;
Bers ère m'en anèy per soun charme attirat,
Qui est dounc bous si'ü digouy? — Jou qué soy la Bertat,
Sim'respoun tanticam; touts m'an descounégude,
Banide de pertout, aqueste soulitude,
Qué m'offreix lou repaüs qué l'homi nou bou pas
Et benye lou mespréts qui hè dé mouns appas.
Hens lou mounde nou ya qué mensounye y qué ruse :
Lou bici dé moun noum quaüqué cop qué y abuse.

RÊVE DE L'ABBÉ PUYOO.

(EXTRAIT.)

A peine dans mon lit le sommeil indolent
De mes sens affaiblis prenaient possession,
Quand l'esprit agité, dans un rêve m'égare,
A travers monts et prés, auprès d'une onde claire
Qui roulait sans efforts dans un petit vallon
Tout émaillé de fleurs de diverses couleurs.

Dans ce lieu charmant, chéri de la nature,
Il y avait une femme d'éclatante figure ;
Tout en elle tenait de la divinité,
Brillante comme le soleil dans sa simplicité,
On ne voyait pas en elle d'inutile parure ;
Elle ne connaît pas le fard ni l'art de la coiffure :
Vers elle je m'avançai, par son charme attiré.
Qui donc êtes-vous, lui dis-je ? — Je suis la Vérité,
Me répondit-elle aussitôt ; tous m'ont méconnue,
Banni de partout, cette solitude
M'offre le repos que l'homme ne veut pas
Et venge le mépris qu'on fait de mes appas.
Dans le monde il n'y a que mensonge et que ruse ;
Le vice, de mon nom quelquefois y abuse,

Encoère dequet noum si pren aütoritat,
Qu'ey l'unique tribut qui receü la Bertat.

  Susprès, you respounoüy : Bertat tout' adourable,
Tournat, biet dissipa lou trouble qu'ins accable ;
Biet counfoundé l'errou qui-s' à touts abusats,
Ben troubérat mantu qui-b' seran affidats.
Entertan si boulèt per boste coumplasence,
Deüs gentiüs de Béarn da-m' quaüqué counéchence ;
Tout bé y ey counfoundut, lou barou, lou marchan,
Lou judye, lou barbè, lou noble, lou paysan,
Aydat-mé drin, si-b' plats, à suslhéba la tele,
Qui chens distinctiou crob toute la nacelle.
— Bat harèy dab plasé pux qué m'at demandat,
Et tout de suite ataü coumença la Bertat.

. . . .

Encore si de ce nom il prend quelqu'autorité,
C'est l'unique tribut que reçoit la Vérité.

  Surpris, je répondis : Vérité ! toute adorable,
Revenez, venez dissiper le trouble qui nous accable ;
Venez confondre l'erreur qui nous a tous abusé ;
Vous en trouverez plus d'un qui vous seront dévoués.
En attendant, si vous voulez par votre complaisance,
Des gentilshommes de Béarn me donner quelque connaissance,
Tout y est confondu, le baron, le marchand,
Le juge, le barbier, le noble, le paysan ;
Aidez-moi, s'il vous plaît, à soulever la toile
Qui sans distinction couvre toute la nacelle.
— Je le ferai avec plaisir puisque vous me le demandez,
Et tout de suite ainsi commença la Vérité.

. . . .

LA BRUME DE LAS BITS.

Imitation dé la Fountaine.

U maù qui répen la hérou (1),
Maü qui lou Ceü den sa furoü,
Embia tà castiga lous pécats de la terre,
A las Bits qué hasè la guerre,
La *Brume*, dab lou sou béré,
A cade pè qué s'arroudé ;
   Lou féble qué péribe
   Lou mey hort qué patibe !...
Lous cabarets qu'èren abandounats,
Et briacs noun bédèn plus nats.
Si caüque cop per la carrère,
Troubaben ue briaguère,
Qu'èrè dab bi drougat ou méchante licou
Qui lou praübe aganit abalabe ü pintou.

---

(1) Un mal qui répand la terreur,
   Mal que le ciel en sa fureur, etc., etc.
      (*Les animaux malades de la peste.*)

LE BROUILLARD DES VIGNES. (1)

Imitation de La Fontaine.

Un mal qui répand la terreur,
Mal que le Ciel en sa fureur,
Envoya pour châtier les péchés de la terre,
Aux vignes faisait la guerre,
La *brume* avec son venin
A chaque pied s'attachait.
Le faible périssait,
Le plus fort languissait !
Les cabarets étaient abandonnés,
Ivrognes, on n'en voyait plus.
Si quelquefois dans la rue,
On voyait quelque soulard,
C'était du vin *drogué*, ou de méchante liqueur
Que le pauvre altéré avalait un pinton.

---

(1) C'est ainsi que les paysans appelaient l'*Oïdium*.

L'oubrè, chens bi, triste qué tribaillabe,
Et lou meste roueynat, tà bibe qu'emprountabe.

De tout coustat tabé, cadu qué senti leü
Lou besouing dé coumbatte aquet terrible fleü.
. . . .
L'ü qué disè : qué soun petits aüyames;
Nou disé l'aüt' : *Ce sont des cryptogames*;
Lou papè *souffre* tout., anem souffrem la bit;
    Aüta leü heyt coum estou dit.
Dap ü gran bouhadé tantôs qué l'arrousaben,
    Ou dap houpes qué la poudraben;
    L'ü qué passabe en ü tamis
    La proube deüs camis ;
    Aquet qu'emplegabe caüsée,
    L'aüt' braze, et l'aüt' arrousée.
    Per quinze sols ü pharmacien
    Dé la gouari qu'eb dabe lou mouyen.
    A Salies qué la salaben,
    En gnaüte endret qué la couchaben.
    Et you qué m'arridi de touts aquets luecs.
    De touts aquets attrape-pecs !...

Més entertan lou maü pertout que s'emmalibe,
    A Gan, Lasseube et Jurançou,
    Qu'enténen la même cansou.
Lou *Mémorial* qui parle coum ü libe,
Peü prumè cop belheü nous hé pas la leçou.
. . . .

L'ouvrier sans vin, triste travaillait,
Et le maître ruiné, pour vivre empruntait.

De tous côtés aussi chacun sentit bientôt
Le besoin de combattre ce terrible fléau.
. . . .
L'un disait : ce sont de petits insectes ;
Non, disait l'autre : *ce sont des cryptogames ;*
Le papier *souffre* tout, allons souffrons la vigne ;
    Aussitôt fait, aussitôt dit.
Avec un grand soufflet, tantôt on l'arrosait,
    Ou avec des houpes on la poudrait ;
    L'un passait dans un tamis
    La poussière des chemins ;
    Celui-ci employait la chaux,
    L'autre de la braise, l'autre de la résine ;
    Pour quinze sols un pharmacien
    De la guérir vous donnait le moyen.
    A Salies on la salait,
Dans un autre endroit on la couchait.
Et moi, je me moquais de tous ces visionnaires,
    De tous ces attrape-nigauds.

Mais en attendant le mal s'agravait partout ;
    A Gan, Lasseube, Jurançon,
    On entendait la même chanson.
Le *Mémorial* qui parle comme un livre,
Pour la première fois peut-être ne put faire la leçon.

. . . .

Coum bèt, souben l'expérience,
Aüs camps baü mey qué la science,
D'u Bielhot escoutat l'abis,
Aü mench qu'eü pé déra gratis.
D'aquet maü la maniboulence,
Diü sab soulét quoan durera,
Més l'arrépouè qu'ens dits dap afidence
« Aydet boun homi et Diü qué t'aydera. »
Aquiü dessus b'ey counfience,
Pourtan noum' soy pas adroumit.
Coum ü malaü aymat qué soueigni plà la bit;
Qué talhi tard et court; qué hey force proubagnes
Qué terri tan qui pouich; qué bareyti prégoun
Aü mens dus cops en taü dá foun.
Et quoan ey bouy semia gragnes,
Quey hey milloc et pas roumen,
Permou qües tribaille souben.
Qu'eb diserey dé plus : qué curi las arreilhes
Quoan at caü qu'enlhebi las houeilhes,
Cercan sustout à descroubi
Oùn s'estuyou lou *suco-bi* (1).

Qu'ey réussit enfin, et qui nat bouilhe créde,
N'a pas qu'at biene béde;
En han ço qui p'ey dit,
Qu'ey rendut la bogue à la bit.
D'arrasims qu'ey toute carcade
Aü loc qué lous bésis,

_____

(1) Insecte qui fait beaucoup de mal à la vigne ; les paysans lui ont donné le nom de *suco-bi* (suco-vin).

Comme souvent l'expérience
Aux champs vaut mieux que la science,
D'un vieillard écoutez l'avis,
Au moins il vous le donnera gratis.
De ce mal la violence,
Dieu seul sait combien durera,
Mais le proverbe nous dit avec assurance :
« Aide-toi bon homme et Dieu t'aidera. »
Là dessus j'ai grand' confiance,
Cependant je ne me suis pas endormi.
Comme un malade chéri, je soigne bien la vigne.
Je taille tard et court ; je fais force provins ;
Je terre tant que je puis ; je bêche profondément
Au moins deux fois, pour lui donner du fonds.
Et quand je veux y faire du grain,
Au maïs, je préfère le froment,
Parce qu'on le travaille souvent.
Que vous dirai-je de plus ; je cure les rigoles,
J'enlève quand il faut les feuilles,
Et cherche surtout à découvrir
Où se cache le *suce-vin*.

Enfin j'ai réussi, et qui ne voudra le croire
N'a qu'à venir le voir ;
En faisant ce que je vous dis
J'ai rendu la force à la vigne ;
De raisins elle est toute chargée,
Tandis que mes voisins,

Qui noun' héran pas ue herrade,
Qué m'accusen de sourciéris.
Més qu'eüs ey respounut : « N'ey pas poü à la *brume*,
Qué la gouaréchi coum lou rhume
Chens poutingues ; — t'abé hère dé bi bourret,
Lou tribail qu'ey lou mé sécret (1).

U Paysaa deü haüt de Gan.

---

(1) Mais le vieillard fut sage
De leur apprendre avant sa mort
Que le travail est un trésor.
(La Fontaine. — *Le Laboureur et ses enfants.*)

Qui ne feront pas une ferrade,
M'accusent de sortilège.
Mais je leur ai répondu : je n'ai pas peur à la *brume*, (1)
Je la guéris comme le rhume
Sans remèdes ; — pour avoir force vin nouveau,
Le travail voilà mon secret.

Un Paysan du haut de Gan.

Pour copie conforme,
É. V.

---

(1) Proverbe Béarnais : Se dit d'un homme hardi.

ARRÉPOUÈS

(PROVERBES BÉARNAIS ET DICTONS POPULAIRES),

Avec la traduction.

Aü pé de la muraille, qué counéchen lou maçou.
« Au pied de la muraille, on connaît le maçon. »
Ce qui équivaut en français :
« A l'œuvre, on connaît l'ouvrier. »

—

Peth qu'ey mey près qué camise.
« La peau est plus près que la chemise. »
C'est-à-dire :
« Il faut songer d'abord à ce qui nous touche de plus près. »

—

Mouli d'escoute-plouye.
« Moulin qui attend la pluie. »
Se dit de toute entreprise, de tout homme qui va lentement.

Baü mey paga haüre qué haürillou.
« Il vaut mieux payer un bon forgeron qu'un médiocre. »

—

Lou hoü qu'en sab mey dens sa maysou
Qué lou saye dens la deüs aüts.
« Le fou en sait plus dans sa maison
« Que le sage dans celle des autres. »

—

Yentou dap yentou,
Et tripes dap moustarde.
« Les gens avec les gens (de leur espèce)
» Et les boudins avec de la moutarde. »

—

Baille lou heyt.
« Vaille ce qui est fait. »

—

Ha de cō tripes.
« Faire du cœur avec les entrailles. »
Se donner du courage par nécessité.

—

Qui bire l'aste,
Qué noun taste.
« Celui qui tourne la broche,
» N'en tâte pas. »

Plouromiques.

« Pleurnicheur. »

Arriba à frut coueillut.
« Arriver à fruit cueilli. »

C'est-à-dire, trop tard.

Lou qui hè coum bét ha,
N'ey pas ni hou ni saye.

« Celui qui fait comme il voit faire,
» N'est ni fou ni sage. »

Truquetaüllés.
« (Mauvais sujets) batteurs de pavés,
» Coureurs de marchés. »

Que s'en bire la plouye.
« Il s'en moque comme de la pluie. »

C'est-à-dire, il n'a que faire de tels ou tels obstacles, personnes ou choses; il s'en défait sans le moindre effort.

Si n'ey plaü qu'ey arrouse.
« S'il n'y pleut, il y arrose, il y bruine. »
Il y a toujours quelque chose à prendre.

—

Inquiet coum mataseübe.
Se dit d'une personne constamment de mauvaise humeur.

—

Gratem qu'ét graterey.
« Grate-moi, je te graterai. »

—

Lou qui pren
Que s'esten;
Lou qui da
Qué s'esta.

« Celui qui prend
» S'étend ;
» Celui qui donne
» Ne bouge pas. »

—

A l'aygue douce noup hidet,
A la bribente qu'eb bedet.
« A l'eau douce ne vous fiez pas,
» A la rapide vous vous voyez. »

Deüs pècs et deüs briacs
Qu'aprenen toustem quaüques bertats.

« Des imbéciles et des ivrognes,
» On apprend toujours quelques vérités. »

—

Qui d'ab set se couche, d'ab santat qu'és lhèbe.
« Qui avec soif se couche, avec santé se lève. »

—

Qui trop amarre, chic estreing.
« Qui trop embrasse, mal étreint. »

—

Lou qui nou houleye
Quoan ey pouri,
Qu'arraüyeye
Quoan ey roussi.

« Celui ne s'amuse,
» Quand il est poulin,
» Fait rage
» Quand il est roussin. »

—

Deü bé de moun beü-pay,
Hè part à moun hilloü.

« Du bien de mon beau-père
» Fais part à mon filleul. »

Las bères plumes qué hen lous bets aüsets.
« Les belles plumes font les beaux oiseaux. »

—

Naü coum û toupy de Garos.
« Neuf comme un pot de Garos. »

—

Qui aberteich nou boü pas maü.
« Qui avertit ne veut pas du mal. »

—

Qui n'a cap, qu'aye cames.
« Qui n'a pas de tête, doit avoir des jambes. »

—

Minye Sents, et cague diables.
« Manger des Saints, et chier des diables. »

—

Gourman coum padère.
« Gourmand comme une poële. »

—

Boune yen,
Baü mey qu'aryen.
« Bonne gent,
« Vaut mieux qu'argent. »

Qui a coumençat la gleyse,
Qué dęü hà l'aüta.

« Celui qui a commencé l'Eglise,
» Doit faire l'autel. »

—

Diü qué da lou red suiban la peilhe.
« Dieu donne le froid suivant le vêtement. »

—

Ploura coum ûe bit taillade.
« Pleurer comme une vigne taillée. »

—

Toustem l'estère qués semble aü hus.
« Toujours l'écopeau ressemble au bois. »

—

Qu'a poü d'es mouri bestit.
« Il a peur de mourir habillé. »

—

A loung cami, petit pés qué carque.
« A long chemin, petit poids charge. »

La poü qué gouarde la bigne.
« La peur garde la vigne. »

—

Dap salut qu'ep y pousquat tourna.
« Avec salut puissiez-vous y revenir. »

—

Hardit coum û hasagnet dé St-Marti.
« Hardi comme un petit coq de St-Martin. »

—

Praübe, més la bachère nette.
« Pauvre, mais la vaisselle propre. »

—

Mourt ey lou càa, mourte ey la raüye.
« Mort est le chien, morte est la rage. »

—

Qué counechen lous torts aü camina.
« On connaît les boîteux en marchant. »

—

Ço d'espargnat,
Qu'ey ço de prumé gagnat.
  « Ce qui est épargné
  » Est le premier gagné. »

Aydet boun homi, Diü qué t'aydera.
« Aide-toi bon homme, Dieu t'aidera. »

———

Goute à goute qué hè lagot.
« Goute à goute fait un lac d'eau. »

———

Tan pis. — Tan mis.
Se dit des gens qui vivent au jour le jour, sans souci du lendemain.

———

Mestié nou carque.
« Métier ne charge. »

———

Tout blat s'en tourne harie.
« Tout blé revient farine. »

———

Bi barreyat, nou baü pas aygue.
« Vin versé, ne vaut pas dé l'eau. »

———

Qui peyreye,
Qu'amoureye.
« Qui jette des pierres
« Fait l'amour. »

Qui ayme Jourda,
Qu'ayme soun càa.
« Qui aime Jourdain,
» Aime son chien. »

—

Ço qui n'es trobe à l'asse, qu'es trobe aü sendé.
« Ce qui ne se trouve pas à l'échevau, se trouve au bout. »

—

Lou mensounyé qu'a taü bertut,
Quoan dits bertat n'ey pas cregut.
« Le menteur a telle vertu,
» Quand il dit vrai il n'est pas cru. »

—

Amassadou de bren,
Barréyadou de harie.
« Il ramasse le son,
» Et jette la farine. »

—

A chibaü dat, nou caü pas espia la den.
« A cheval donné, il ne faut pas regarder la dent. »

Tambouri pagat d'abance
Qué hè méchan sou.

« Tambourin payé d'avance
» Rend un mauvais son. »

—

Peyrot, bos couse.

« Peyrot, veux-tu coudre. »

—

Ataü qué hè qui pot,
Et dits qui gaüse.

« Ainsi fait qui peut,
» Et dit qui l'ose. »

—

A petites oüilhes, petits siülets.

« A petites brebis, petits sifflets. »

—

Ço qui oueilh nou bèt, cô nou crèbe.

« Ce que l'œil ne voit pas, ne fait pas mal au cœur. »

—

Biscam,
Qué beyram.

« Vivons,
» Nous verrons. »

Tira pechic ou pelade.
« Tirer pince où pelée. »
      Savoir tirer parti de chaque chose.

—

Marida la hami dap la set.
« Marier la faim avec la soif. »

—

Mey baü boune renoumade
Qué cinture daürade.
« Mieux vaut bonne renommée
» Que ceinture dorée. »

—

Qui ba loueing maridat
Qué troumpe ou qu'ey troumpat.
« Qui va loin marié,
» Trompe ou est trompé. »

—

Oùn ey lou rey,
Qu'ey lou carrey.
« Où est le Roi,
» Est le charroi. »
C'est-à-dire : Qu'il y a grand mouvement, tout y abonde.

Ni lou gat leyt.

« Ni le chat du lait. »

Se dit d'une personne qui a grande envie de quelque chose et qui veut se donner l'air de ne pas s'en soucier.

—

Qué boü abé l'escut et las mounèdes.

« Il veut avoir l'écu et les monnaies. »

Se dit d'un homme intéressé.

—

Lou quis lhèbe mati,
Qué gahe la lèbe.

« Celui qui se lève matin,
» Prend le lièvre. »

—

Lou qui tribailhe
Qué minye la pailhe;
Lou qui nou hè arré
Qué minye lou hé.

« Celui qui travaille
» Mange la paille ;
» Celui qui ne fait rien
» Mange le foin. »

—

Ço dé mouillat, qué pot ana à l'aygue.

« Ce qui est mouillé, peut aller à l'eau. »

Coutet naü qué tailhe.
« Couteau neuf taille. »

———

Quoan l'arbe ey cadut,
Cadu qu'ey hè estères.
« Quand l'arbre est tombé,
» Chacun y fait des écopeaux. »
Chacun tombe sur l'homme dans l'infortune.

———

A' cade pic l'estère.
« A chaque coup un écopeau. »

———

Démandat à moun coumpagnou
Qu'eb disera toutu coum you.
« Demandez à mon compagnon
» Il vous dira tout comme moi. »

———

Tantôs qu'ey dé l'asou,
Et tantôs deü toucadou.
« Tantôt il est pour l'âne,
» Et tantôt pour celui qui le conduit. »

———

Gat escaütat, qu'a poü à l'aygue rède.
« Chat échaudé, craint l'eau froide. »

Grà de milh en bouque d'asou.
« Grain de milhet en bouche d'âne. »

Peu de chose pour un affamé.

—

Lou dà qu'a perdut lou bène.
« Le donner a perdu le vendre. »

—

A yen besti, bet yoc.
« A gent bête, beau jeu. »

—

Cade malaü qué sen soun maü.
« Chaque malade sent son mal. »

—

Lou loup qué minye de toute car,
Mench qué dé la soue.
« Le loup mange de toute chair,
» Excepté de la sienne. »

S'applique aux mauvais pères.

—

Mira,
Et nou touca.
« Regarder,
» Et pas toucher. »

Tout flutes et gambilets.
On le dit d'un homme qui veut faire ses embarras.

Tourne't à qui nou't da.
« Rends-toi à qui ne t'a pas frappé. »
Amusement d'enfants, se donnant des tapes.

N'a pas poü à la brume.
« Il ne craint pas le brouillard. »
Se dit d'une personne qui ne craint rien.

Quoan hè bet,
Pren toun capet.
« Quand il fait beau,
» Prends ton manteau. »
On dit encore :
Ni per beth, ni per lè,
Nou lèches ni la cape, ni lou brespè.
« Ni par beau, ni par mauvais temps,
» Ne laisse ni la cape, ni le goûter. »

Dis-mé qui fréquantes,
Que't diserey qui ès.
« Dis-moi qui tu fréquentes,
» Je te dirai qui tu es. »

Qui cret guilha Guilhot,
Guilhot qu'eü Guilhe.

« Qui croit tromper Guilhot,
» Guilhot le trompe. »

Touts lous Sents qué bolen luts.

« Tous les Saints veulent un cierge. »

Tan ba lou péga à la houn,
Qu'ey lèche lou tutou.

« Tant va la cruche à la fontaine,
» Qu'elle y laisse le goulôt. »

Qu'ey besti coum l'aygue loungue.

« Il est bête comme l'eau longue. »

Qui mey a, mey qué boü.

« Qui plus a, veut d'avantage. »

Qué s'en trufo, coum û asou dé cops dé berrets.

« Il s'en moque comme un âne de coups de berrets. »

Souben las sègues quan aüreilhes.
« Souvent les haies ont des oreilles. »

—

Qui dé près ayme, dé loueing qué bét.
« Qui de près aime, voit de loin. »

—

Mey baü esta sourd qu'abugle.
« Vaut mieux être sourd qu'aveugle. »

—

Baü mey û pinçà dens la màa,
Qu'ûe grue aü ceü.
« Mieux vaut un pinson à la main,
» Qu'une grue au ciel. »

—

Qui loueing deü ana,
Deü ménatya sa mounture.
« Qui loin doit aller,
» Doit ménager sa monture. »

—

N'ey pas lou tout d'és lhéba dé mati,
Qué qu'aü arriba à l'hore.
« Ce n'est pas tout d'être matinal,
» Il faut arriver à l'heure. »

Màas d'aryen et bouque d'or.
« Mains d'argent, et bouche d'or. »

Peresse, bos soupe? — O.
Ben t'é laba. — Noun bouy pas.
« Paresse, veux-tu de la soupe? — Oui.
» Vas te laver. — Je n'en veux pas. »

Minyo quoan n'as,
Attrape quoan pots.
« Mange lorsque tu en as,
» Attrape quand tu le peux. »

Aü hart, la hartère,
Aü praübé, la misère.
« Au rassasié, l'abondance,
» Au pauvre, la misère. »

Nou da pas lou lard aüs càas.
« Il ne donne pas le lard aux chiens.

N'estaque pas lous càas d'ap saücisses.
« Il n'attache pas les chiens avec des saucisses. »

Qui maü nou hè,
Maü nou pense.

« Qui mal ne fait,
» Mal ne pense. »

—

Qu'ey hurous coum û càa qui s'estrangle.
« Il est heureux comme un chien qui s'étrangle. »

—

A bouque barrade
Mousquit nou y entre.

« A bouche fermée,
» Mouche n'y entre. »

—

Lou pay hè restaliès,
Et lou hilh minyadéres.

« Le père fait des rateliers,
» Et le fils des mangeoires. »

Ce qui équivaut :
« A père avare, fils prodigue. »

—

Quoan ey heyte la cuyole,
L'aüsèt qué s'en ba.

« Quand est faite la cage,
» L'oiseau prend son vol. »

Chic dé maü, gran ligasse.
« Peu de mal, grand appareil. »

Benté plé, qué porte cames.
« Ventre plein, porte jambes. »

Qué baü mey ana entaü boulanyé
Qué tà l'apouthicayre.
« Mieux vaut aller chez le boulanger
« Que chez l'apothicaire. »

Qu'ey coum lou boueü,
Quoan ey hart qué beü.
« Il est comme le bœuf,
» Quand il est rassasié, il boit. »

Lou diaman qu'a lou sou prets,
Més lou bou counseilh n'oun a pas.
« Le diamant a son prix,
» Mais le bon conseil n'en a point. »

Fréquantat la yen dé bé, et qu'en débiénérat.
« Fréqneutez les gens de bien, et vous le deviendrez. »

A youen chibau, bieilh cabaliè.
« À jeune cheval, vieux cavalier. »

—

Qui ey amic dé touts, nou n'ey pas d'arrés.
« Qui est ami de tous, ne l'est de personne. »

—

A bestis paraüles, aüreilhes sourdes.
« A sottes paroles, oreilles sourdes. »

—

Quoan n'an arré à perde,
Nou cragnen pas lous boulurs.
« Quand on n'a rien à perdre,
» On ne craint point les voleurs. »

—

A nabèts ahas, nabèts abis.
« A nouvelles affaires, nouveaux conseils. »

—

Tribailh plàa coumençat,
Qu'ey à mieytat acabat.
« Travail bien commencé,
» Est à moitié achevé. »

Qui counduisech aü clot,
Qu'ey cat lou prumè.

« Qui conduit à la fosse,
» Y tombe le premier. »

Si naürit û courbach,
Qu'eb crébera l'oueilh.

« Si vous nourrissez un corbeau,
» Il vous crèvera l'œil.

Prénet garde à l'homi qui-s' care
E aü càa qui nou layre.

« Prenez garde à l'homme qui se tait
» Et au chien qui n'aboit pas.

Qué caü estaca l'asou oùn lou mesté lou boü.

« Il faut attacher l'âne où le maître le veut. »

Het-pé û deüté pagable à Pasque,
E qué troubérat lou Couaresmé court.

« Faites une dette payable à Pâques,
» Et vous trouverez le Carême court. »

L'homi abare n'a parens qu'à sa mourt.
« L'homme avare n'a de parens qu'à sa mort. »

Qui nou pot, qué pousque.
« Qui ne peut, doit pouvoir. »
C'est-à-dire :
« Faire l'impossible. »

L'oueilh deü mesté qu'engrèche lou chibaü.
« L'œil du maître engraisse le cheval. »

Ço qui s'appren en baden,
Nou s'ouligue jamey.
« Ce qui s'apprend au jeune âge,
» Ne s'oublie jamais. »

Lou bou mesté qué hè lou bou baylet.
« Le bon maître fait le bon valet. »

U bou amic, què baü mey qu'ú paren.
« Un bon ami, vaut mieux qu'un parent. »

Qui n'ayme qué si médich,
N'ey aymat d'arrés.

« Qui n'aime que soi,
» N'est aimé de personne. »

—

Amic dinqu'à la bourse.
« Ami jusqu'à la bourse. »

—

Qué troben toustem la récolte dé soun bési
Mey bère qué la soue.

« On trouve toujours la récolte de son voisin
» Plus belle que la sienne. »

—

Qu'ey difficile de counéché las hemnes et lous melous.
« Il est difficile de connaître les femmes et les melons. »

—

Quoan la hami pique,
Qu'ey bounc la mique.

« Quand la faim se fait sentir,
» On trouve bonne la miche. »

Pâte, mêlée de farine de maïs et de froment, qu'on fait cuire dans de l'eau.

*
* *

Nou hiquét jamey la màa entré la pèt é lou couraü.
« Ne mettez jamais la main entre la peau et l'écorce. »

—

Ue hirounglète nou hè pas lou printemps.
« Une hirondelle ne fait pas le printemps. »

—

Per û deüte oubligat,
Ni mercés, ni grat.
« Pour une dette oubliée,
» On n'a ni merci, ni reconnaissance. »

—

Bouco dé meü, et cô dé heü.
« Bouche de miel, et cœur de fiel. »

—

Aquiü qu'em cadou lou héchot.
« Là me tomba le petit faix. »
Je ne pus pas aller plus loin.

—

En t'as garanti d'eüs méchans,
Qué s'en caü eslouégna.
« Pour se garantir des méchants,
» Il faut s'en éloigner. »

Ni d'ab l'oueilh, ni d'ab la réliyou,
Nou badinet jamey.

« Ni avec l'œil, ni avec la religion,
» Ne badinez jamais. »

Qui croumpe et qui mentech,
Sa bourse s'en sentech.

« Qui achète et qui ment,
» Sa bourse s'en ressent. »

Qui d'ab mensounyes ba tà l'aboucat,
Qué l'as retrobe aü houns d'eü sac.

« Qui avec des mensonges va chez l'avocat,
» Il les retrouve au fond du sac. »

L'aücasiou qué hè lou layrou.

« L'occasion fait le larron. »

Oùn manque lou bounhur,
Tout soucing qu'ey inutile.

« Où manque le bonheur,
» Tout soin est inutile. »

Ue douce respounse qu'adousseich la malice.

« Une douce réponse adoucit la colère. »

Cent esparbès nou gaheren pas ûe laüdette.
« Cent éperviers ne prendrait pas une allouette. »

———

Ue claü d'or qu'aübreich toute sarraille.
« Une clef d'or ouvre toute serrure. »

———

Aü débit qu'ey lou proufieyt.
« Au débit est le profit. »

———

Lou qui nou sap aübédi,
Nou sap pas coumanda.
« Celui qui ne sait obéir,
» Ne sait pas commander. »

———

Lou qu'is couche chens soupa,
Toute la noueit nou hè qué rèba.
« Celui qui se couche sans souper,
» Toute la nuit ne fait que rêver. »

———

Lou qu'is sépare dé soun bé abans dé mouri,
Qu'és prépare à plàa souffri.
« Celui qui se sépare de son bien avant de mourir,
» Se prépare à bien souffrir. »

PROVERBES

Sur le Temps, les Animaux et les Récoltes.

Quoan las houeilles caden,
Lous nits qué paréchen.
« Quand les feuilles tombent,
» Les nids paraissent. »

Lou qui a affermat l'hiber, nou ya yamey pergut.
« Celui qui a affermé l'hiver, n'y a jamais perdu. »

Murs d'hiber,
Murs de her.
« Murs d'hiver,
» Murs de fer. »

Quoan Nadaü ey chens lue,
Lou troupet qu'arribe dé cent à ûe.
« Quand Noël est sans lune,
» Le troupeau arrive de cent à une. »

Nadaü aü soü,
Pasque aü tisou.

« Noël au soleil,
» Pâque au tison. »

—

Les jours allongent :

A Sente Luce,
D'ü saüt de puce.

« A Saint Luce,
» D'un saut de puce. »

—

A Nadaü,
D'ü saüt dé braü.

« A Noël,
» D'un saut de veau. »

—

A cap d'An,
D'üe lègue lou marchan.

« Au jour de l'An,
» D'une lieue le marchand. »

—

Neü de Haürè,
Nou hè pas pè.

« Neige de Février
» Ne fait pas pied. »

Lou més de Haürè,
Qué quoaü qué lèché lou barat arrazè.

« Le mois de Février
» Doit laisser le fossé plein. »

Si Haüré nou haüréréye,
Tout l'an qué malaüdéye.

« Si Février n'est pas mauvais,
» Tout le reste de l'an est malade. »

Quoan Mars soureye,
Abriü et May qué plabusqueye.

« Quand Mars a beaucoup de soleil,
» Avril et Mai ont de la pluie. »

Quoan Pasque Marsecesque,
Lou cémitèri qué pesque.

« Quand Pâques se trouve en Mars,
» Le cimetière pêche. »

C'est-à-dire, qu'il y a beaucoup de morts.

Abriü, plouyesca,
May, nou cessa.

« Avril, pluie légère,
» Mai, sans discontinuer. »

Dinqu'aü més d'Abriü,
N'out tires pas û hiü.

« Jusqu'au mois d'Avril,
» Ne tire pas un fil. »

C'est-à-dire : Ne vous découvrez pas.

———

Qu'a couentes coum lou coucut aü més de May.
« Il a des affaires comme le coucou au mois de Mai. »

———

Qué ba maü per la pailhade,
Si lou més dé May nou la lèche cabeilhade.

« Il va mal pour la paillée,
» Si le mois de Mai ne la laisse en épis. »

———

L'aygat dé Sen-Barnabè,
Si n'ey pas daban qu'ey darré.

« Le débordement de St-Barnabé,
» S'il n'est avant, arrive après. »

———

Toutes las herbes dé Sen-Yean.
« Toutes les herbes de St-Jean. »

Se dit d'une chose où rien ne manque.

Mountagne clare, Bourdeü escu,
Qué y aüra plouye, plàa ségu.

« Montagne claire, Bordeaux obscur,
» Il y aura pluie, c'est bien sûr. »

―

Mountagne escure, Bourdeü clàa,
Plouye nou y aüra.

« Montagne obscure, Bordeaux clair,
» Il n'y aura pas de pluie. »

―

L'homi qué troumpe,
La terre nou troumpe pas.

« L'homme trompe,
» La terre ne trompe pas. »

―

Tan baü l'homi,
Tan baü la terre.

« Tant vaut l'homme,
» Tant vaut la terre. »

―

Baque loungue et chibaü brac,
Qué tiren l'homi d'eü barat.

« Vache longue et cheval court
» Tirent l'homme du fossé. »

Baü mey chaüma
Qué maü moule.

« Vaut mieux chômer
» Qué mal moudre. »

A gran càa, gran os.
« A gran chien, grand os. »

Deü marchan et deü porc
N'oun saben arré dinquo qu'ey mort.

« Du marchand et du porc
» On ne sait rien jusqu'à la mort. »

An dé hé,
An d'arré.

« An de foin,
» An de rien. »

Si plaü,
N'ey baü.

« S'il pleut,
» Je n'y vais pas. »

LA PASTOURALE DEÜ PAYSAA,

Qui cerque mestiè à soun hilh, chens ne trouba à soun grat,

EN QUOATE ACTES,

Per moussu **FOUNDEVILLE**, de Lescar.

PERSOUNATYES :

LOU PAYSAA.
HENRIC, soun Hilh.
GUILHEM, Baylet deü Paysàa.
LOU DOUCTOU.
LOU MEDECI.
L'APOUTICAYRE.
LOU MESTE D'ARMES.
LA DAÜNE, Hemne deü Paysàa.
LA GOUYE deü Paysàa.

LA PASTOURALE DEÜ PAYSAA.

PROLOGUE.

PAYSAA.

N'ey pas en baganaü, si cridabe May-Boune,
A la sò Guiraütine, à la gouye Peyroune;
Et si, tabé, souben, à l'oustaü nous digou
Que la youentut, qu'alè, tribailha dab bigou.
Qu'aü poudé, n'ère pas, de la bieilhesse estrosse,
De hà de grans tribailhs dab l'û pè hens la hosse.
De souns dises, arrés nou házen nad estat;
Més âre, b'aüdamens, b'es counech la bertat,
Et bey que per estat, hemne acroupide d'atye,
N'ère pas coum credem, brigailhe en pipiatye;
Més qu'en touts souns prepaüs, gran yutyamen abè,
Et que hère arrépouès, et de caüses sabè.
Et seguin soun abis, entà que ma canailhe
Emplegui pla lou temps et que quaüqu'arré bailhe,
De boune hore qu'eüs bouy aü tribailh dà lou plec,
En tà que dab lou tems, ayen per tout emplec,

LA PASTORALE DU PAYSAN.

PROLOGUE.

PAYSAN.

Ce n'est pas en vain que criait grand'mère
A la sœur Guirautine, à la servante Peyronne ;
Et bien souvent aussi elle nous a dit à la maison
Que la jeunesse devait travailler avec vigueur.
Qu'il n'est pas au pouvoir de la vieillesse mal adroite,
De faire de grands travaux avec un pied dans la fosse.
De ses discours personne ne faisait grand cas ;
Mais maintenant pourtant on en reconnaît la justesse,
Et je vois, que bien qu'elle fut femme courbée par l'âge,
Elle n'était pas comme on le croyait tombée en radotage ;
Mais qu'en tous ses propos grand jugement il y avait,
Et que force proverbes et de choses elle savait.
Et suivant son avis, pour que ma marmaille
Emploie bien son temps et vaille quelque chose,
Je veux de bonne heure les ployer au travail,
Afin qu'avec le temps ils trouvent emploi partout,

Et que nou s'estoun pas touts baganaüs à caze;
Més qué de soun tribailh, cadù, cabaü qué haze.
Lou Hillot gros, sus tout, aquet, quoan bien deüs cams,
De bère-tire bà léye hens lous pargams;
Et quoan ey esbagat, tout à yamey m'adarte
Dé daü de bieilhs papès, ou quaüque bieilhe carte.
Qu'ey peramou déquo, dens lou cap m'ey boutat,
Coum eth a tan d'esprit, de haü homi létrat,
Dequets qui, chens gran péne, es goadagnen la bite,
Et qui, deü bé deüs aüts, hèn bouri la marmite;
Coum soun yens de proucès, Moussus lous aboucats,
Qui, quoan soun en estail, criden coum bèts aücats,
Dab lurs bounets cournuts et lurs granes raübioles,
Entà mieilhou péla lous louis et las pistoles;
Et lous Clercs chicanurs qui, lous praübes paysàas,
Eschenyen de Reyaüs et de sos toulouzàas,
Et qui, tan que dessus lous ne sentin Baquette,
Lous péluquen toustem, dinquo que noun an bette;
Qui nous léchen en terre, aü bist, touca de pès,
Porten débat l'eschère, à bèts hèchs lous papès,
La plume sus l'aüreilhe, aüs digts lous escritoris;
Per hens lou greffe ban demanda citatoris;
Aü pè de las réquestes, esténe appuntamens,
Seüs registres lhéba rélaxes, mandamens,
En cridan aüs paysàs, ayam force salaris,
Entà paga lous clercs, et Moussus lous noutaris.

You l'oub harèy, sinou, d'aquets grans Médecis
Qui tailhen, coum lous plats, aüs aütes lous boucis;
Qui défenden lou by; més eths, que bère rougne!
Deü beb plà tout blous, n'au ni med, ni bergougne;

Et qu'ils ne restent pas oisifs à la maison,
Mais qu'avec leur travail, chacun fasse magot.
Le fils aîné surtout, celui là, quand il arrive des champs
Tout de suite s'en va lire dans les parchemins ;
Et quand il est oisif toujours me sollicite
De lui donner de vieux papiers ou quelque vieille charte.
C'est pourquoi je me suis mis dans la tête,
Comme il a tant d'esprit d'en faire un homme lettré.
De ceux-là qui, sans grand peine, gagnent leur vie,
Et qui avec le bien d'autrui font bouillir la marmite,
Comme sont gens de procès, Messieurs les avocats,
Qui, quand ils sont à l'*étal* (au barreau) crient comme des oisons,
Avec leurs bonnets cornus et leurs grandes robes,
Pour mieux attraper les louis et les pistoles,
Et les clercs chicaniers, qui, les pauvres paysans,
Dénuent de réaux et de sous Toulousains,
Et qui tant qu'ils leur sentent une baquette,
Les épluchent toujours jusqu'à ce qu'ils n'en ont mie,
Qui ne les laissent pas toucher à terre avec les pieds,
Portent sous le bras de grands faix de papiers,
La plume sur l'oreille, l'écritoire à la main,
Dans le greffe s'en vont demander citatoires ;
Aux pieds des requêtes coucher des appointements,
Lever sur les registres relaxes, mandements,
En criant aux paysans : Ayons force salaires,
Pour payer les clercs et Messieurs les notaires.

Je le ferai sans cela de ces grands médecins,
Qui taillent comme il leur plaît aux autres les morceaux,
Qui défendent le vin, mais eux que belle rogne ;
De le boire tout pur n'ont honte ni vergogne,

Et quoan dehore ban bizita lous malaüs,
Ourdi dan, aü frater, de bizita lous claüs.
Si nat bou boucy bet, deüs de l'oustaü s'approche,
En lous disé : *Ayons*, leü, *quelque chose à la broche*.
Monsieur lou médeci *est venu* bente boeyt.
Eth ira, cependen, sèdes aü cap deü lheyt,
Et mey qué semblera, qué deü malaü que rèbe
Aü counéche lou maü, à descoubry la frèbe
Toucan tantos lou pous, y bizitan lou pich;
Et, ço qui s'en apère, anan béde eth médich.
Pusch s'en ba cap frouncit; et dab sa triste frougne,
Sus û tros dé papè, traça quaüque grifougne.
A soun apouticayre eth dara mille emplecs,
De ha purgues, juleps, cristéris et péguets,
Et mey, que deü malaü lou purgaran la bousse,
Et malaü lou haran encouère qui n'oum housse.

L'Apouticayre dounc qué nou manquera pas,
A l'oustaü d'arriba, diligen, de bou pas,
Suffisen coum bèt gat, quoan sas barbes alogue,
Tirat coum bet y grecq, plé de sentous, de drogue;
Et s'en ba dret aü lheyt, à flatta lou malaü,
Lou próumet que sera leü gouarit de soun maü.
Pusch tire l'eschéringue, et bèt hèch d'ampoulettes,
Demandera détire estoupes y serbiettes,
Eschaüfettes, carbous, escudèles y plats.
Pusch quoan a sus la taüle alougat ço quiü plats,
Bire dret aü malaü, haü bébé la poutingue,
Pusch plégue souns utis, et dits, en se laban,
Que souns rémèdis soun de drogues deü Lhéban.

Et quand ils vont dehors visiter les malades,
Donnent ordre au frater de vister les crocs,
Qui, s'il voit un bon morceau, des gens de la maison s'approche
En disant : Ayons tôt, quelque chose à la broche,
Monsieur le médecin est venu ventre vide.
Il ira cependant s'asseoir au chevet du lit,
Et plus il s'emblera qu'il songe au malade,
Pour connaître son mal et découvrir la fièvre,
Touchant tantôt le pouls et visitant l'urine,
Et ce qui s'en appelle allant voir par lui-même.
Puis s'en va frond ridé, avec sa triste mine,
Sur un morceau de papier tracer un griffonnage.
A son apothicaire il donnera mille emplois,
De faire purgatifs, juleps, clystères et cataplasmes,
Et plus du malade, il purgera la bourse,
Malade, il le rendra, encor qu'il ne le fusse.

L'apothicaire donc ne manquera pas,
D'arriver au logis diligent, de bon pas,
Suffisant comme un chat, quand il peigne sa barbe,
Tiré comme un Y, plein de senteurs, de drogues,
Il s'en va droit au lit cajoler le malade,
Lui promet qu'il sera bientôt guéri de son mal,
Puis tire sa seringue et un tas de petites fioles ;
Demande d'abord étoupes et serviettes,
Chauffrettes et charbons, écuelles et plats ;
Puis quand il a sur la table arrangé ce qu'il veut,
Il va droit au malade, lui faire boire le remède ;
Ensuite reprend ses outils, et dit en se levant,
Que ses remèdes sont des drogues du Levant :

Cependen taüs juleps, poutingues et cristéris,
Seran d'herbes et flous de prats et sémitéris.

Ataü bibin taüs gens; que si lou cas s'escat,
Que nou bouilhe moun hil esta nad aboucat,
Nad médeci tapoc, ni nad apouticayre,
Eth chaüsira d'esta tailhurg ou coumpassayre,
Ou quaüque boucatiou qui nous aüts lou bailhem.
Més arriba you bey lou mé baylet Guilhem,
Dé cerca mouns douctous.

GUILHEM.

Mesté, en gran diliyence,
U douctou p'ey cercat, homi de gran science.

LE DOCTEUR.

Je suis un docteur renommé,
Qui sais les lois à point nommé.
Le Digeste, Code authentique;
Le paragraphe, la Rubrique,
Le Droit civil, le Droit canon;
Ce qu'ont dit Alquias, Juson,
Et les plus savans de l'école,
Comme Cujas, comme Barthole,
Et d'autres doctes glossateurs,
Dont je ne nomme les auteurs:
J'enseigne le style à la mode,
Et connais la belle méthode

Cependant tels juleps, remèdes et clystères,
Seront herbes et fleurs de prés et cimetières.

  Ainsi vivent tels gens, et si le cas arrive,
Que mon fils ne veuille pas être avocat,
Ni médecin non plus, ni même apothicaire,
Il choisira entre tailleur ou arpenteur,
Ou quelqu'autre vocation que nous lui donnerons ;
Mais je vois revenir mon valet Guilhem
De chercher mes docteurs.

GUILHEM.

              Maître en grand diligence
Je vous ai cherché un docteur, homme de grande science.

LE DOCTEUR.

Je suis un docteur renommé, etc.

De faire de bons avocats,
Très-bien disans, très-délicats,
Pour les parquets, pour les consultes;
Enfin, de nos jurisconsultes,
Sans me vanter, je suis la fleur,
Même un très-habile siffleur.

PAYSAA.

Déyà peü cap de taü, m'at semblabe aü bèt ayre,
Que l'alure b'abè de bêt tambourinayre:
Digat-me dounc, sip plats, bous qu'èt dounc siüladou?
Et siülat d'eüs calams, ou siület crestadou,
Claramines, clarous, ou de quaüque eslayute?

LE DOCTEUR.

Bon homme, ce n'est pas de ces joueurs de flûte
Que je prétends parler, comme votre erreur croit,
Je suis de ces siffleurs qui professent le droit,
Et qui sifflent les lois de la jurisprudence,
Aux jeunes avocats de bonne intelligence.

PAYSAA.

Jou'b enteni, Moussu, dounc à bous p'en escat,
Quoan boulet adressa quaüque youen aboucat,
En lou siülan las leys à la crampe ou l'escole,
Coum qui dresse en siülan, lous merlous en cuyole,
Ou coum lous passerous, lous gouyats en siüla,
Dab la pasture aü pung, adressen à boula.

PAYSAN.

Cap de taü! il me le semblait déjà à la tournure,
Qu'il avait l'allure d'un grand tambourineur :
Dites-moi, s'il vous plaît, vous êtes donc siffleur? (1)
Sifflez-vous du chalumeau, ou du sifflet de châtreur, (2)
Clarinette, hautbois ou de quelqu'autre flûte?

LE DOCTEUR.

Bon homme, ce n'est pas de ces joueurs de flûte, etc.

PAYSAN.

Je vous entends, Monsieur, donc il vous en arrive,
Quand vous voulez former quelque jeune avocat,
En lui sifflant les lois à la chambre ou l'école,
Comme à ceux qui dressent en sifflant les merles en cage,
Ou comme aux petits garçons qui, la pâture en main,
En sifflant apprennent aux jeunes moineaux à voler.

---

(1) Siffleur. — Qui siffle une leçon, répétiteur.
(2) Autrefois les châtreurs parcouraient la campagne en jouant de la flûte de Pan.

LE DOCTEUR.

Vous prenez un peu trop les termes à la lettre.
Un hommé comme moi, c'est en droit un bon maître,
Qui dresse, c'est-à-diré, enseigne de sa voix,
Aux jeunes avocats, les canons et les lois
Qui composent le corps de la jurisprudence;
Par lesquelles Thémis, au fin de la balance,
Pèse équitablement, avec le bout du doigt,
Des petits et des grands, la raison et le droit.

PAYSAA.

La balance, Mousseigne, en la lengue francèze,
N'és aquéro lou pés qui toutes caüses péze.

LE DOCTEUR.

C'est cela justement.

PAYSAA.

Doune à boste prépaüs,
Bousaüts pezat lou dret à liüres ou quintaüs!
Per la fé you credy qu'és mesuresse à l'aüne.
Gran serbici, Moussu, bé haret à la daüne
De prestaü bostes pés, entà pezàs lou li
Qui s'a lhébat aügan, deü chicoy hère fi;
Car à manque d'abé lous pés et la roumane,
Ere a poü que la gouye à bèts asclets l'y pane,
Et cred que l'aye abut û troupèt de capit,
Qui s'abé l'aüte die à la borde escarpit.

LE DOCTEUR.

Vous prenez un peu trop les termes à la lettre, etc.

LE PAYSAN.

La balance, Monsieur, dans la langue française,
N'est-ce pas le poids qui toute chose pèse?

LE DOCTEUR.

C'est cela justement.

LE PAYSAN.

     Donc, selon vos propos,
Vous pesez le droit à livres et quintaux!
Par ma foi! je croyais qu'il se mesurait à l'aune.
Grand service, Monsieur, vous feriez à ma femme
De lui prêter vos poids, pour peser le lin
Qu'elle a récolté cette année du petit très-fin;
Car faute d'avoir les poids et la romaine,
Elle a peur que la servante le lui dérobe par cordons,
Et croit qu'elle lui a volé un paquet d'étoupe,
Qu'elle avait, l'autre jour, dans la grange écharpé.

LE DOCTEUR.

Ce n'est pas à quintaux, ce n'est pas à la livre,
Ce n'est pas sur un poids de laiton ou de cuivre
Qu'on pèse les avis, qu'on pèse un jugement,
Mais c'est avec les lois et le raisonnement :
Voilà quel est le poids et voilà la balance
Avec lesquels on pèse un avis d'importance.

PAYSAA.

Nousaüts praübes paysàas, gouayre nou coumprenem
Las caüses aütemen que coum las entenem ;
Nou'p plazeré, Moussu, dounques saüb boste gracy,
Dam abis et counseil de ço qui caü qué hassy,
Sus û proucès qui you ey despuch bèt temps-a,
Dab la hemne, sus ço qui bous poudet pensa.

LE DOCTEUR.

Un homme doit avoir grand regret en son âme,
De plaider comme vous avec sa propre femme ;
Vous êtes séparés de la table et du lit ?
Donc à ce compte là ?

PAYSAA.

                 Plut aü Ceü benadit,
Qu'ousset toustem mentit, et dit bertat adare !
Oh ! que chic s'em haré l'aübriste brigue care,
Qui m'en desse noubelles ; et sery fort hurous
Que l'oussy bèt tros louein, hore deüs embirous ;
Que la noueyt dens lou lheit coum hè, noum desbeillesse
Et lou die à l'oustaü, de maü que nou'm hartesse.

LE DOCTEUR.

Ce n'est pas à quintaux, ce n'est pas à la livre, etc.

LE PAYSAN.

Nous autres pauvres paysans, nous ne comprenons guère
Les choses autrement que comme nous les entendons;
Ne vous plairaît-il donc pas, sauf votre bon plaisir,
De me donner avis et conseil sur ce qu'il faut que je fasse,
Sur un procès que j'ai depuis bien longtemps
Avec ma femme, sur ce que vous pouvez bien penser.

LE DOCTEUR.

Un homme doit avoir, etc.

LE PAYSAN.

    Plût au Ciel béni,
Qu'eussiez toujours menti et dit vérité maintenant!
Eh! que je trouverai l'étrenne peu chère,
Pour celui qui m'en apporterait des nouvelles et serai fort heureux
Que je l'eusse bien loin hors des environs;
Que la nuit dans le lit elle ne me réveillât pas comme elle le fait,
Et le jour au logis, qu'elle ne me maltraitât pas.

LE DOCTEUR.

Bon homme, il ne se peut, par des raisons de droit,
Que vous et votre femme étant sous même toit,
Couchant en même lit, ayez procès ensemble ;
La raison de nos lois est telle ce me semble ;
Vous êtes de la femme, chef comme son mari.

PAYSAA.

You, lou cap de la hemne ? abans estimary
Housset bous cap de porcq, jou'b demandi l'aüfence ;
Pocq me boulèt, Moussu ; s'ip plats, en la semence,
Bèt tems, à mouns parens, aberé mey balut,
Que m'aben sus la hourque en quaüque loc penut ;
Perço que, si bous plats, adaquet coumpte trousse
Lou plus méchan biben, qui dessus terre housse ;
Car you nou pensy pas, et que hé bèt escap,
Que hemne s'y troubesse, abé mey mechan cap.

LE DOCTEUR.

Cet homme prend le sens des mots comme une bête,
Quoique vous soyez chef, vous n'êtes pas la tête ;
Chef, est autant à dire, en bonne diction,
Que maître de sa femme et de son action.

PAYSAA.

De ço qui hè la hemne, em diset que soy meste ?
Per la fé que mentit en aço coum aü reste ;
O ! que trope d'ù cop beü se haré dehè
De nou bébé lou bi tout blous coum ére hè.

LE DOCTEUR.

Bon homme, etc.

LE PAYSAN.

Moi la tête de ma femme ? Je voudrais plus tôt
Que vous fussiez tête de porc (pardon si je vous offense),
Vous me vouliez bien peu, Monsieur, en la semence,
Il y a longtemps qu'il aurait mieux valu à mes parents
Qu'ils m'eussent en quelque lieu pendu à une fourche,
Car à ce compte, s'il vous plaît, je serai
Le plus mauvais vivant qui soit sur terre,
Car je ne pense pas, ou ce serait grand hasard,
Qu'il se trouvât femme qui eut plus mauvaise tête.

LE DOCTEUR.

Cet homme prend le sens des mots, etc.

LE PAYSAN.

Vous me dites que je suis le maître de ce que fait ma femme,
Ma foi, vous mentez en ceci comme au reste.
Oh ! que plus d'une fois il lui conviendrait
De ne boire le vin tout pur comme elle le fait.

LE DOCTEUR.

Pour boire le vin pur ce n'est pas un grand crime ;
Une femme de bien n'en perd pas son estime,
A moins d'en boire trop......

PAYSAA.

Aquet ey moun gran maü,
Car ére boueytaré tout die la semaü ;
Sus aquero, Moussu, nous abem la counteste ;
Ataü si bous abét nad abis hens la teste,
Qui la pousque bira de nou bébé tout blous
Lou bi, coum ére hè, dab réts, et dab calous,
Et ha que, destrempat dab aygue, lou bebousse ;
Nou s'em haré degreü de daü ardits de bousse.

LE DOCTEUR.

Pour obliger sa femme à boire avec de l'eau,
Il ne faut qu'en mêler un tiers dans le tonneau.

PAYSAA.

Diü mé gouardé, Moussu, que nou'm gahe la crique
De mescla dab lou by l'aygue hens la barrique ;
Pensan hà moun proufieyt, piri you que hari ;
Escoutat si bous plats ço qui m'en apari :
L'aüt die me troubey tà carcat de goutatge,
Que per gouari calou miam en sentouratge.
Per estaübia moun bi me biengou pensamen
De méte aü baricot hère aygue finamen ;

LE DOCTEUR.

Pour boire le vin, etc.

LE PAYSAN.

C'est là mon grand mal,
Car elle viderait la cuve tous les jours ;
C'est sur cela, Monsieur, que nous avons contestation,
Ainsi si vous avez quelque conseil en tête
Pour l'empêcher de boire tout pur
Le vin comme elle le fait par froids et par chaleurs ;
Encore si elle le buvait coupé avec de l'eau,
Je ne regretterai pas de vous donner de l'argent de ma bourse.

LE DOCTEUR.

Pour obliger sa femme, etc.

LE PAYSAN.

Dieu me garde, Monsieur, qu'il me prenne l'envie
De mêler avec le vin de l'eau dans la barrique,
Pensant faire mon profit, pire je ferai ;
Ecoutez, s'il vous plaît, ce qui m'en arriva :
    L'autre jour me trouvant attaqué par la goutte,
Il fallut pour me guérir me mener en pélerinage.
Pour économiser mon vin, il me vint à l'idée,
De mettre dans le baril beaucoup d'eau finement,

You crey qü'en y boutèy mèy de quoate herrades;
Puchentes aü brouquet qne dey quoate sarrades,
En me pensan ataü mieillou crouby moun yoc;
Dounques you nou houy pas mey leü partit deü loc,
Que la hemne n'anesse, aü pè de la barrique,
Has dehens û tarris, arribanes dab mique.
Diü sab si s'en abousse aplegat bèt capèt,
Oübé, tan que deü bente ousse prestat la pèt;
Més trop leü, per malhur, trouba la macadure;
Ma besti que hé dounc? Dequet by que s'endure,
Et deü de la taberne encouère ana croumpa.
Puch per benyas de ço qui la bouly troumpa,
Et deshas de moun by, aquére cap de diable,
A trés sòos lou pichè qu'eü mé tire bentable.
Tantican arriben trés ou quoate mousquits;
Bayles, Beguès, Lansots, gens toustem alenguits
Aü darrè deü bou by, que hen tira la tasse;
Més quoan l'aboun tastat, aquére trayte race,
Chens acaba lou by, que s'em sorten dequiü,
En segoutin lou cap coum bèt chibaü mousquiü,
Et disen qu'ère plà la barrique adagouade:
Puchentes mouns bergams, per ha-m'en l'asouade,
Amasse coumploutan, et qu'en deputan û,
Aberti lous Jurats d'amassa lou coummû,
Per biene proumptamen, iu campo ha justice,
Seguin lous estatuts, sus û feyt de poulice.
Lous coussous s'amassan, et s'en biengoun tout dous
A case, dab témoins, et dab trés tastadous,

Je crois que j'en y mis plus de quatre cruches ;
Puis après je fermai bien le fausset,
En pensant ainsi mieux cacher mon jeu,
Mais, je ne fus pas plus tôt parti du lieu,
Que ma femme n'allât au pied de la barrique,
Se faire de la soupe avec de la miche.
Dieu sait, si elle en eut avalé un bon tas,
Oh! oui, tant que la peau du ventre eut prêté ;
Mais trop tôt par malheur elle sentit le faible,
Que fait donc ma bête? de ce vin elle se prive,
Et de celui de la taverne, elle va acheter ;
Puis pour se venger de ce que je voulais la tromper
Et se défaire de mon vin, cette tête du diable,
A trois sous le *piché* (1) elle le met en vente.
Aussitôt arrivèrent trois ou quatre moucherons,
Bayles, *Beguers*, *Lansots* (2), gens toujours altérés
De bon vin, ils font tirer la tasse,
Mais quand ils l'eurent tâté, cette race traîtresse,
Sans achever le vin sortent de là,
En secouant la tête comme un cheval qui a la mouche,
Disant que la barrique était bien rincée.
Puis après mes gredins, pour me faire pièce,
Ensemble complotèrent et ils en députent un,
Pour avertir les Jurats d'assembler le conseil,
Pour venir promptement *incampo* faire justice,
Selon les statuts, sur un fait de police.
Les consuls s'assemblèrent et s'en vinrent à l'improviste
Chez moi, avec des témoins et trois dégustateurs

---

(1) Mesure de capacité contenant deux litres.
(2) Officiers de justice.

Qui tastau la barrique, et den abis sus l'hore,
Segoun lou quoaü moun by hou barreyat dehore,
Pusch que t'em abroucam lou mieilhou barricot ;
Que malaye, en bében, n'eüs se boussa lou cot !
Et quoan ne houn sadoube, en t'am gouary la tale
Mouns cossous s'en anan tié cour débat la hale,
Et que t'em coundamnan à quoate leys majous ;
Per pugnère prengoun grèche, lard et jambous ;
Quoan houy tournat troubey aquére boune heyte,
Jou pensey, que héras entà nou passa reyte ?
Mey baü te ma-lheba l'argen, en quaüque part,
De que sobe, en û cop, grèche, jambous et lard ;
You houy de moun counseil pagat de taü mounéde ;
Ataü gat escaütat qu'a poü à l'aygue réde ;
Et si bous n'abet pas nad aüte abis mieilhou,
Per la fé, per aquet débitat-l'oup aülhou.

LE DOCTEUR.

Autre avis je ne sais donner sur cette affaire.

PAYSAA.

Bous, ni bostes abis, you crey noun balet hère,
Et pensi que moun hilh gagneré chicq d'argen,
Si dabe en lous ahas, taüs abis à la gen.

LE DOCTEUR.

Bon homme, nous devons faire grand' différence
Des avis de néant aux avis d'importance ;
Les uns ne valent pas la peine d'y songer ;
Mais dans les grands avis, il faut se ménager ;
Et pour les bien donner, il faut qu'on y rumine.

Qui tâtèrent le vin et donnèrent avis sur l'heure,
Selon lequel mon vin fut jetté dehors,
Puis, ils mirent en perce le meilleur baril,
Plut à Dieu qu'en buvant leur cou se fut bouché.
Et quand ils en furent rassasiés, pour me guérir du dommage,
Mes consuls s'en allèrent tenir cour sous la halle,
Et ils me condamnèrent à quatre amendes majeures.
Pour gage ils prirent graisse, lard et jambons.
Quand je fus revenu, je trouvai cette belle besogne,
Je pensai, que fera-tu pour ne pas être dans le besoin?
Il vaut mieux emprunter l'argent quelque part
Pour retirer d'un coup graisse, jambons et lard;
Je fus de mon conseil payé telle monnaie;
Ainsi chat échaudé craint l'eau froide,
Et si vous n'avez pas autre avis meilleur,
Par ma foi! pour celui-là débitez-le ailleurs.

LE DOCTEUR.

Autre avis je ne sais donner sur cette affaire.

LE PAYSAN.

Vous ni vos avis, je crois, ne valez guère,
Et je pense que mon fils gagnerait peu d'argent,
Si dans les affaires il donnait de tels avis aux gens.

LE DOCTEUR.

Bon homme nous devons, etc.

PAYSAA.

En que counsiste dounc, Moussu, boste douctrine ?

LE DOCTEUR.

A connaître le sens des canons et des lois ;
L'usage des arrêts, l'ordonnance des Rois,
Pour donner là-dessus, nos avis aux personues.

PAYSAA.

Bous aütes abet dounc leys méchantes et bounes.

LE DOCTEUR.

Nos lois sont toutes bonnes, fondées en raison.

PAYSAA.

Més, digat-me, Moussu, si toutes bounes soun,
Quin se pot que james se pergue nade caüse ?
Car toustem l'aboucat aüs escriüts ley appaüse.
S'is perd dounc lou proucès, aquet malhur d'oùn bien !

LE DOCTEUR.

C'est que les Avocats ne s'en servent pas bien.

PAYSAA.

Si bounes soun las leys, dounques nou balen gouayre,
Moussus lous aboucats, d'emplega-les en l'ayre ?
Car, à gagna proucès, touts be s'y soun pécats.

LE PAYSAN.

En quoi consiste donc, Monsieur, votre doctrine?

LE DOCTEUR.

A connaître le sens, etc.

LE PAYSAN.

Vous avez donc des lois bonnes et mauvaises?

LE DOCTEUR.

Nos lois sont toutes bonnes, et fondées en raison.

LE PAYSAN.

Mais dites-moi, Monsieur, si elles sont toutes bonnes,
Comment se fait-il que jamais on perde nulle cause?
Car toujours, l'avocat, en ses écrits pose des lois;
S'il perd donc son procès, ce malheur d'où vient-il donc?

LE DOCTEUR.

C'est que les avocats ne s'en servent pas bien.

LE PAYSAN.

Si les lois sont bonnes, donc ne valent guère,
Messieurs les avocats, de les employer en l'air;
Car à gagner des procès, je vois que tous se trompent.

LE DOCTEUR.

La faute quelquefois n'est pas aux avocats.
Les juges bien souvent ne jugent rien qui vaille.

PAYSAA.

Aütan baleré dounc tira la courte paille.
Jou bey dounc qu'aquiü j'a gran dangé de damnas,
Et qu'ey û gran malhur de cadep à las mas.

LE DOCTEUR.

C'est bien un grand malheur d'avoir procès, sans doute,
Qui, de beaucoup de gens, la perte entière coûte ;
Et les gens feraient bien de ne plaider jamais.

PAYSAA.

Bés pouyren dounques hà lous jutges S.-germés,
Et segon bous, estats touts baganaüs à caze ;
Jou bouy qu'en soun mestié, mon bilh quaüquarré haze,
Entà nou bibe pas de crouts y badailhòous,
Ni que lous sous chalans nou passen pas per hòous,
Moussu, boste mestié, per la fé n'oum agrade,
Pusch que medich abet gran houlie bantade
De dà yamey emplecq à la proufessiou.
Cerquem meste, Guilhem, d'aüte counditiou.

GUILHEM.

Jou p'y baü peü bilatge anaü cerca detire.

PAYSAA.

Adichat dounc, Moussu.......

LE DOCTEUR.

    Adicu, je me retire.

LE DOCTEUR.

La faute, etc.

LE PAYSAN.

Il vaudrait donc autant jouer à la courte paille.
Je vois donc qu'il y a là grand danger de se damner,
Et que c'est un grand malheur de tomber en vos mains.

LE DOCTEUR.

C'est bien un grand malheur, etc.

LE PAYSAN.

Les juges pourraient donc se faire pélerins
Et selon vous, rester oisifs chez eux.
Je veux qu'en son métier mon fils fasse quelque chose,
Pour qu'il ne vive pas de croix et de baillements,
Et que ses chalands ne passent pas pour fous.
Monsieur, votre métier, ma foi, ne me plaît pas,
Puisque vous-même avez appelé grand'-folie,
De donner jamais emploi à telle profession.
Guilhem, cherche-moi un maître d'autre condition.

GUILHEM.

Je vais par le village le chercher tout de suite.

LE PAYSAN.

Bon jour donc, Monsieur.....

LE DOCTEUR.
    Adieu, je me retire.

ACTE II.

LOU MÉDECI, LOU PAYSAA, GUILHEM.

GUILHEM.

Jou sorti de gourri, pas à pas, lou bilatge ;
En tà gran péne lheü n'ous by yames messatge,
Coum la qui jou m'ey dat per aquestes douctous
Qui gouarechin lou cranq, la pepite, la toux,
Toutes frèbes, touts maüs, et chens débisa gouáyre,
L'û qu'ey gran médeci et l'aüte apouticayre.

LE MÉDECIN.

Je suis un docteur médecin,
Fort savant dans cet art divin,
Qui fait, qu'en mérite nous sommes
Distingués du reste des hommes ;
Ainsi par un secret pouvoir
Qui provient de notre savoir,
Nous forçons les lois de nature
Dans le temps, la conjoncture,
Réparant les tempéramens,
Par mille bons médicamens
Que donnent nos apothicaires.
Nous savons guérir les ulcères
Qui se forment sur quelques corps,
Soit au dedans, soit au dehors ;
Comme cancers, comme écrouelles,
Qui causent des douleurs cruelles.

ACTE II.

LE MÉDECIN, LE PAYSAN, GUILHEM.

GUILHEM.

Je sors de parcourir pas à pas le village,
En si grand peine, messager ne s'est peut-être jamais vu
Comme celle que je me suis donnée pour ces docteurs-ci,
Qui guérissent la sciatique, la pituite, la toux,
Toutes fièvres, touts maux et sans parler beaucoup,
L'un est grand médecin et l'autre apothicaire.

LE MÉDECIN.

Je suis un docteur médecin, etc.

Nous guérissons, dedans le sac,
Le mal des poûlmons, d'estomac;
Tous les débordemens de bile,
Les douleurs que cause le chyle,
La rate en opilation,
Et la colique passion.
Nous savons tempérer le foie,
Quand trop de vapeurs il envoie,
Qui causent dans bien de cerveaux,
Des rêveries et des maux.
Nous guérissons apoplexies,
Convulsions, paralysies.
Pour les fièvres et le mal-chaud,
On sait les remèdes qu'il faut;
Et tout bon médecin écarte,
En douze heures, la fièvre quarte.
Nous guérissons les graveleux,
Et toute sorte de goutteux;
Tous les altérés hydropiques
Aussi bien que les pleuretiques
Qui sentent des pointes au flanc.
Nous guérissons le flux de sang,
Et les hémoroïdes sales;
Les maux vénériens et les galles;
Enfin, nous guérissons tous maux
Avec nos drogues et nos eaux;
C'est pourquoi notre médecine
Passe pour science divine;
Et les médecins sont des Dieux
Qui viennent en terre des Cieux.

PAYSAA.

Bìengoun dounc, si bous plats, sus saümets ou sus ègues?
Et digat-me, Moussu, s'ey coumpten hère lègues,
Et si ta méchan ey aquet cami d'eü ceü,
Car jou bey qu'à chacu bé l'ey hère dégreü
De parti, de quet pays, per ana hà lou biatge;
Bé caü que paguin là, dilheü cà lou péatge:
Car jamey n'abem bist que nad homi mourtaü,
De quiü tourne pourta noubelles à l'oustaü.
Sus aquére bertat, qui de sens aye abounde,
Jutyera de bousaüts, qui d'eü ceü bien aü mounde.
Coum lous qui ban aü ceü nou tournen entà cy,
De cy nou tourne aü ceü yamey nad médeci:
Aquet punt ey foundat en resou de nature.

LE MÉDECIN.

Bon homme, ce n'est pas sur aucune monture;
Et ce n'est pas non plus par routes et chemins
Que des cieux sont venus ici les médecins.
Mais cela se rapporte au divin Esculape
Qui nous montra cet art......

PAYSAA.

Qui ey aquet Diü Cuglape?
B'a lou léd noum aquiü, nou sçey pas qui l'y dé,
Et be s'abé caüsit lou praübe minyadé;

LE PAYSAN.

Vinrent-ils donc, s'il vous plaît, sur des ânons ou sur des juments,
Et dites-moi, Monsieur, y compte-t-on force lieues,
Et est-il donc si mauvais ce chemin du ciel?
Car je vois qu'à chacun il lui est bien pénible,
De partir de ce pays pour aller faire ce voyage.
Il faut qu'on paie là peut-être cher le péage ;
Car jamais nous n'avons vu que nul homme mortel
Revienne de là pour porter des nouvelles à la maison.
D'après cette vérité, celui qui en sens abonde,
Jugera de vous autres, que celui qui du ciel vient au monde,
Comme ceux qui vont au ciel ne reviennent jamais ici,
D'ici, il ne revient jamais nul médecin au ciel;
Ce point là est fondé en raison de nature.

LE MÉDECIN.

Bon homme, etc,

LE PAYSAN.

Qui est ce Dieu là Cuglape? (1)
Ah! le vilain nom qu'il a là, je ne sais qui le lui donna,
Mais il s'était choisi une pauvre mangeoire,

---

(1) Mot à mot : *Cul-mange.*

Be crey qu'abè lou mus et la barbe beroge,
Quoan de cap aquet tòs harlapabe la broge.

LE MÉDECIN.

Esculape est son nom, je le répète encor;
Ce Dieu, tout vénérable, avait la barbe d'or.

PAYSAA.

La barbe d'or? Pero be crey que l'y léchabe
Chiq de peü lou barbè quoan eth lou barbejabe :
Oh ! que moun barberot abéré prés plasé
De passaü-ne plà ras bèt souben lou rasé,
Et de s'arrecapta de quet peü la despuilhe ;
Car yamey de sa mà la barbe nou seb muilhe,
Que nou n'age l'ardit, si mey noun pot tiran.

LE MÉDECIN.

Ce Dieu fut ébarbé par Denis le tyran,
Lequel étant au temple à faire un sacrifice
Fit sa barbe arracher par un coup d'avarice;
Jamais depuis alors, il n'eut barbe au menton.

PAYSAA.

Coum, à daqnet Denis ataü lou permettoun
De hà countre soun Diü, ta gran lou jupiteri?

Je pense qu'il avait le museau et la barbe en bel état,
Quand dans ce baquet là il mangeait la *broye*. (1)

LE MÉDECIN.

Esculape est son nom, etc.

LE PAYSAN.

La barbe d'or ! eh bien, je pense que le barbier
Lui laissait bien peu de poil quand il le rasait.
Oh ! que mon petit barbier aurait pris plaisir
De lui en passer le rasoir bien souvent et bien ras,
Et de recueillier de ce poil la dépouille ;
Car jamais de sa main ma barbe ne se mouille,
Qu'il n'en ait le liard, si plus n'en peut avoir.

LE MÉDECIN.

Ce Dieu fut ébarbé, etc.

LE PAYSAN.

Comment à ce Denis lui permit-on ainsi,
De commettre contre son Dieu un si grand scandale ?

---

(1) *Broye*. — Bouillie de farine de maïs.

Bey la gran trufe aquére, et nou sçey quin l'aperi,
Més boste Diü saben, despuch labets, be deü
Abé troubat secret, per has bade lou peü ?

LE MÉDECIN.

Ce remèdc n'est pas dans notre médecine.

PAYSAA.

Si s'abousse lou mus heyt héma de la fine,
Et que hère souben s'en y'ousse heyt bouta.
Lou peü, per abenture, ousse tournat brouta.
Bousaüts nou sabet dounc, dab drogues, ni dab cures,
Dab goumes, ni peguets, gouari las peladures,
Ni tourni hà sourti lou peü d'eüs caps pélats ?

LE MÉDECIN.

Nous ne le savons pas........

PAYSAA.

    Aquo hère em desplats ;
Car û goujat aby, tout pélat de la tigne ;
Be p'en hari tasta d'eü mieilhou de la bigne,
Et coum bous bouleret, tabé qu'eb pagueri,
Si de taü pélazou bous l'oum sabèt gouari.

LE MÉDECIN.

Je n'ai point pour cela pratique ni doctrine.

C'est là une grande raillerie, et ne sais comment la qualifier.
Mais votre Dieu savant doit bien depuis lors
Avoir trouvé un secret pour faire repousser le poil?

LE MÉDECIN.

Ce remède n'est pas dans notre médecine.

LE PAYSAN.

S'il se fût fait fumer le museau avec de la fine
Et que fort souvent il en eût fait mettre,
Le poil par aventure aurait pu repousser.
Vous autres ne savez donc pas avec drogues ni cures,
Avec gommes ni amplâtres, guérir les pelures,
Ni faire revenir le poil sur les têtes pelées?

LE MÉDECIN.

Nous ne le savons pas.

LE PAYSAN.

Cela fort me déplait,
Car j'ai un garçon tout pelé de la teigne;
Je vous en ferai tâter du meilleur de la vigne,
Et comme vous voudriez, je vous paierai aussi,
Si de telle calvitie vous pouviez le guérir.

LE MÉDECIN.

Je n'ai point pour cela, etc.

PAYSAA.

Dounc, pusch qué nou poudet, dab boste médecine,
Sus û maü counegut, nad remédi sabé,
Per lous qui soun cuberts, quin ne pouyret abé.

LE MÉDECIN.

Jamais un médecin ne peut passer pour maître,
Qu'il ne sache des maux la nature connaître.
C'est de la médecine un des points principaux,
De connaître, primo : la nature des maux ;
Et puis, de les traiter par les règles d'école.

PAYSAA.

You cragny que bousaüts hèt tout à la bambole,
Et que hère souben, qué p'y gaüsat péca ;
Car jou bey que lous maüs à tastes bat cerca.
Toucan tantôs lou pous, tantôs toucan la teste ;
Et si deü maü labets, bousaüts perdet la queste,
Et qu'aü loc d'ü maü rêt que prengat û maü caüt,
Bousaütes franquemen tretterat l'û per l'aüt.

LE MÉDECIN.

J'accorde qu'il se peut quelquefois par méprise
Qu'un jeune médecin fasse quelque sottise ;
Et n'étant pas encor bien expérimenté,
Il causera la mort au lieu de la santé,
Donnant à contre-temps, quelques méchans remèdes.

LE PAYSAN.

Donc puisque vous ne pouvez pas avec votre médecine,
Sur un mal connu appliquer un remède,
Pour ceux qui sont cachés, comment en auriez-vous ?

LE MÉDECIN.

Jamais un médecin, etc.

LE PAYSAN.

Je crains, que vous autres, fassiez tout à la legère
Et que bien souvent vous osez vous tromper ;
Car je vois que vous cherchez les maux à tâtons.
Touchant tantôt le pouls, tantôt touchant la tête,
Et si du mal alors vous perdez la quête,
Et qu'au lieu d'un mal froid, vous preniez un mal chaud,
Vous autres franchement traiterez l'un pour l'autre.

LE MÉDECIN.

J'accorde qu'il se peut, etc.

PAYSAA.

Jou qu'ad crey; qu'en sabet han de bères desbèdes !
Et nous pot per la fé aütemen gouayre esta,
Qué hères n'oun embiet lous talos arpasta !
Més tabé si hasen aü Rey james enténe,
Qu'aüssidet tan de gen, eth pé haré touts péne.

LE MÉDECIN.

Les juges ni les rois n'ont rien sur nous à voir.
Qu'un médecin ait fait bien ou mal son devoir,
Il est comblé d'honneur et payé du salaire.

PAYSAA.

Hounourats y pagats ! aquére ey boune encouère.
Bousaüts êt dounc pagats per aücidé la yen !
Més lous counfessadous nou'b hèn tourna l'argen ?

LE MÉDECIN.

Jamais un médecin, ses fautes ne confesse.

PAYSAA.

You crey dequo ni d'aüts, que nou'b dat gouayre presse
Ni que nou proufieytat gouayre plà deüs predics ;
Car d'aücide la gen, touts lous bous catholics,
Creden qu'ey gran pecat, et lou rectou quoan prèche.

LE PAYSAN.

Je le crois, que vous savez en expédier de belles quantités,
Et il ne peut, par ma foi, guère en être autrement,
Que vous n'en envoyez beaucoup engraisser les vers de terre,
Mais aussi si l'on faisait jamais savoir au roi
Que vous tuez tant de gens, il vous ferait tous pendre.

LE MÉDECIN.

Les juges ni les rois, etc.

LE PAYSAN.

Honorés et payés, celle-là est bonne encore,
Vous êtes donc payés pour occire les gens ;
Mais les confesseurs ne vous font-ils donc pas rendre l'argent?

LE MÉDECIN.

Jamais un médecin, etc.

LE PAYSAN.

Je crois que de cela ni d'autre chose, vous ne vous préoccupez guère
Et que vous ne profitez guère des sermons ;
Car de tuer les gens, tous les bons catholiques,
Croient que c'est grand péché, et le recteur quand il prêche....

LE MÉDECIN.

En cela toutefois un médecin ne pèche.
Pour son âme il suffit qu'il ait l'intention
De donner au souffrant secours et guérison.

PAYSAA.

Bous-aütes credet dounc qu'ù médeci nou's damne;
Ni d'aüsside la gen, nou hè pecat en l'amne.
Are crey que deü ceü soun bienguts, coum eth dits;
Més que pensi mey-leü qu'eüs n'an horebandits.
Quin j'aberen lechat gens d'aquére credence,
Puchque que n'oun bolen là que de boune counscience.
You soy trop bou chrestia, et lou hilh qu'em batié,
Per daü countre salut tà dangerous mestié.
Bé cragnery que Diü nou's hesse à touts counfounde,
Et que nou's recebousse ab eth en l'aüte mounde,
Ataü bous pé poudet retira si boulet.

LE MÉDECIN.

Je me retire donc.......

LE MÉDECIN.

En cela, etc.

LE PAYSAN.

Vous croyez donc vous autres qu'un médecin ne se damne pas,
Et qu'en tuant les gens, il ne fasse péché en son âme.
Maintenant je crois qu'ils viennent du ciel comme le dit ;
Mais je pense qu'on les en a chassés.
Comment y aurait-on laissé gens de telle croyance,
Puisqu'on n'en veut là que de bonne conscience.
Je suis trop bon chrétien, et mon fils je fis baptiser,
Pour lui donner contre salut un si dangereux métier.
Je craindrai que Dieu nous fît tous confondre,
Et qu'il ne nous reçut pas avec lui dans l'autre monde,
Ainsi vous pouvez vous retirer si vous voulez.

LE MÉDECIN.

Je me retire donc.

ACTE III.

LOU PAYSAA, L'APOUTICAYRE.

PAYSAN.

Y tu, n'es soun baylet?

L'APOTHICAIRE.

Je ne suis point valet, mais alors qu'il l'ordonne,
Mes *purgues et juleps*, au malade je donne,
Et pousse des clistères avec cet instrument
En fichant ma canulle *capsus* le fondement.

PAYSAA.

Y qu'és dounc pouticayre? Oh! lou gran mache habes!
Pecat ère la fé, quoan de parla t'estabes.
Més puch que tu n'és pas deü médeci baylet,
Coum lou secs aü d'arrè dab aquet pistoulet?

L'APOTHICAIRE.

C'est bien un pistolet, mais qui tire sans poudre,
Avec lequel je fais les matières dissoudre;
Et guéris doucement les douleurs et les maux,
En tirant plusieurs coups par dedans les boyaux.

ACTE III.

LE PAYSAN, L'APOTHICAIRE.

LE PAYSAN.

Et toi, es-tu son valet?

L'APOTHICAIRE.

Je ne suis point valet, etc.

LE PAYSAN.

Tu es donc apothicaire? Oh! le grand mâche fèves.
C'était vraiment péché que tu ne parlasse pas;
Mais puisque tu n'es pas valet du médecin,
Pourquoi donc le suis-tu avec ce pistolet?

L'APOTHICAIRE.

C'est bien un pistolet, mais, etc.

PAYSAA.

Eth bante souns bèts feyts, més n'ayat poü que digue
Que dab soun pistoulet, lous malaüs eth aüssigue ;
Cependen quoan lous tire aquet cop triste et sourd
Ed que bise toustem tout dret entà la mourt.
Més digues, quoan la poudre aü bassinet esguiste,
You crey que n'oud hè pas trop de gay à la biste,
Et quoan aquére cargue entrade ey de galet,
Si lou bachèt trop plé arrepiche, ou boü leth,
Bet hè mey que d'û pas, you crey, quitta la mire?

L'APOTHICAIRE.

Par ma foi, d'alentour, d'abord je me retire.
Quand de mon pistolet, est la charge dehors,
Si pour la retenir n'est disposé le corps,
De peur que cette charge au malade n'échappe
Et que sou *arreboum* sur le nez ne m'*atrape*;
Néanmoins, en tel cas, quand je le vois *pousté*,
Quand je tire le coup, je me tiens à *cousté*.
A *bous* dire *berté*, *hère souben m'esbarge*,
Avec certaines gens, de tirer cette charge ;
Car un *cop*, *dus couquins*, pour prendre leur *esbat*,
Me voyant tout *cambié de camise et râbat*,
Avec un habit neuf *et la manche plissade*,
L'un fit, pour m'attraper, *coum qui* d'être maláde.
Il me fit appeler ; il était sur un banc,
Tout assis et *plégué* comme s'il eût le *cran*,
Et disait qu'il mourait d'un grand coup de colique.

LE PAYSAN.

Il vante ses hauts faits ; mais n'ayez point peur qu'il dise
Qu'avec son pistolet, il tue les malades ;
Cependant quand il leur tire ce coup triste et sourd,
Il vise toujours droit à la mort.
Mais, dis-moi, quand la poudre éclate au bassinet,
Je pense que cela ne te fait pas grand plaisir à la vue;
Et quand cette charge est bien entrée ;
Si le vaisseau trop plein déborde ou prend vent,
Cela, te fait plus que d'un pas, je crois, quitter la mire.

L'APOTHICAIRE.

Par ma foi d'alentour, etc.

Il me *pregua* d'aller chercher à la boutique,
Afin de le guérir, quelque doux lavement.
Moi, sans y penser mal, je courus diligent
Detire préparer *à caze* le clistère,
Et je fus retourné chez lui sans *triguer* guère.
Quand je fus donc entré, je trouve mon coquin,
Estenut sur un lit avec un casaquin,
Et tout *désabillé* par bas, puis la ceinture;
Je lui dis donc, *Moussu*, mettez-vous en posture.
Pour ne gâter le lit, je fis mettre un *sarrié*,
Ensuite *aquiü dessus* le fis *appareilhé*.
Je lui mis donc *aü cu* doucement ma canulle;
Le drôle, pour tromper, faisait *coum qui* recule
Et comme s'il n'eût pris jamais de lavement;
Cela me fit penser de pousser doucement
Pour lui mettre sans mal le tout dedans le ventre;
Si bien que *chicq à chicq* tout mon clistère y entre,
Et dedans *escheringue* il n'en restait *gran chuc*,
Quand mon *tros de bergam* fit un grand *estournuc*,
Qui lui fit tout d'un coup *desrounter lou* derrière,
Et me jetter *dab* force, *à trubès, lou* clystère.
Il m'attrape tout just sur le *mieytan deü* nez;
Après quoi je vais voir ces deux *esbergougnés*,
Qui faisaient à *sousmac* de grands *patacs* de rire.
L'habit, le *mus*, le poil, j'ai honte de le dire,
Me *goutegeait* partout de la décoction;
En mon cœur je disais : ô la traître action !
J'arrecaptai pourtant mon petit équipage,
Et sortis sans rien dire, *eschugant* mon visage,
En tenant le manteau sur le *mus, dab las màs;*

Et quoiqu'il fît alors un grand jour de *gaümàs*,
Je marchais tout *goufit*, comme s'il eût fait *bise*,
De peur qu'on ne me vit l'habit et la *camise*;
Encore par malheur je rencontre un frater
Qui voulait le manteau de sur le *mus* m'ôter;
Mais je lui dis tout bas *dab* le bout de la lèvre :
« Ah ! laisse-moi passer, j'ai le froid de la fièvre. »
Ainsi *dab* cet affront, à *caze* m'en allai ;
De rage et de dépit le poil je me pelai.

PAYSAA.

Oh ! que mouns coumpagnous la s'aben plà pensade,
Et que bé l'at hen plà bère la camusade,
Quoan dab toun naü bestis, la camise et rabat,
Te hen serby lou mus et lou nas de pribat :
Que bé hous empeçat labets de fine gomme !

L'APOTHICAIRE.

Banter il ne se pût de le porter à Rome ;
Car de moi ne faisait que se *trufer la gen*.
Cela me fit penser de chercher le *mouyen*
A quel prix que ce fut de prendre ma revanche.
Il arriva bientôt qu'un *bèt* soir de dimanche,
Comme c'était un temps *miron* le carnaval,
Et que ce compagnon devait aller au bal,
Bestit de beaux habits, de rubans et de plumes,
Comme les fanfarons, et suivant leurs coutumes.

LE PAYSAN.

Oh ! que mes compagnons l'avait bien pensée
Et qu'ils te la firent belle la raillerie.
Quand tes habits neufs, la chemise et rabat,
Ils te firent servir le museau et le nez de latrines.
Que tu fus alors empesé avec de la fine gomme.

L'APOTHICAIRE.

Banter il ne se peut, etc.

Quand je sus donc *qu'ataü* lui se devait parer,
Je fus un lavement *detire* préparer,
Avec des œufs *coués*, et l'huile de génèvre;
Et pour qu'il *gahat* mieux dessus le poil de chèvre,
Pour que son juste-au-corps en fut toujours *plapé*,
Un demi pinton d'encre, *amasse* détrempai :
Et *l'escheringue* pris, la plus longue et plus large;
Et toute jusqu'au bout la remplis de la charge.
Après, quand il fut nuit, tout seul je m'en allai
M'escoune comme un *gat*, dedans un long *cané:*
D'où, par toutes les parts, de devant et derrière,
A *d'ayse* je pouvais sortis sur la *carrère*.
Là, fort impatient, mon homme *j'argoueytais*,
Et pour voir s'il venait, faisais souvent *tetés;*
Mais lorsque j'entendais venir quelque personne,
Quand ce n'était pas lui, je me tournais *esconne*,
Et me tenais toujours près le *cap* d'un *houré*.
Après donc que j'eus là, *bét chiquet demouré*,
Il me *tourne apary bère malle abenture;*
Banté ne m'en étais jamais, jusques *asture*.
Il se va là pleuvoir un diable de *briacq*,
Qui rôtait comme un *porc* et *pudait* au tabac.
Il vient droit *aü cané*, et *dab gran talen* pisse,
Et semblait par ma foi qu'il faisait de malice;
Car comme s'il eût su que moi j'étais *aquiü*,
Faisait *guister* le *pich*, un *cop*, que *maü grebiü!*
Il m'en fit *esguister* jusques dedans la bouche;
Si je n'avais *abut* alors peur de la touche,
Ou qu'il ne m'eût tiré *dab quaüque pistoulet*,
Mon clistère *aberais* envoyé de *galet*,

Tout droit dessus *lou nés*, ou dedans sa *braguette* :
Mais, de peur demeurais comme un chien quand arrête,
Et me sentais le *pich*, les cuisses *escaüter*,
Sans que jamais les pieds je *gaüsasse maüter* ;
Et cet ivrogne en fit si grand diable de *chourre*,
Que par tout le *cané*, coulait *coum bère escourre*.

PAYSAA.

Dounques quoan dessus tu pichabe lou briacq,
A tu t'en apary juste coum aü limacq,
Qui demoure arissat, quoan dessus oum lou piche ?

L'APOTHICAIRE.

Je tenais justement cette *targue médiche*,
Et quand je me sentis le *pich* dessus si chaud,
Je devins, de malice, *eslé* comme un crapaud.

PAYSAA.

Eh ! be caü counfessa que t'apary perasse.

L'APOTHICAIRE.

Oh ! vous ne savez pas encor ce qui se passe.
Lorsque mon coquin eut *acabé* de *picher*,
Et que *jà* cheminait, mon drôle va passer ;
Je lui décharge donc dessus tout mon clystère,

LE PAYSAN.

Donc quand tu sentis l'ivrogne te pisser dessus,
Il t'en arriva juste comme au limaçon,
Qui se hérisse quand on lui pisse dessus?

L'APOTHICAIRE.

Je tenais justement, etc.

LE PAYSAN.

Eh! qu'il faut confesser qu'on te la joua belle.

L'APOTHICAIRE.

Oh! vous ne savez pas, etc.

Puis, fuis par le *cané ;* lui se tourne en arriére :
Quand il ne vit personne, il crut qu'un *sabatié*
Qui logeait près *d'aquiü, dab pich* l'avait *batié.*
Ou *dab* l'eau du *tarris* qui trempe sa *besougne.*
Il se mit à jurer, *morbiù* coquin ! *ybrougne !*
L'aüt qui n'était pas loin, je veux dire mon *briacq,*
Crut que de lui parlait, ils firent au *patac ;*
Le *briacq* furieux, mit la main à l'épée ;
L'autre tout aussitôt eut la sienne attrapée :
Ils se tirent de *malles,* chacun quelque *bourré*
Et se donnent, an corps, tous deux un coup fourré ;
L'un l'avait à la cuisse, ici *payère soübe,*
Et lui *cabait* dedans un demi pied de *gaübe ;*
L'autre reçut le sien, tout *aü bét loung deü maïlh,*
Et n'avait que la *pèt escarrée de bèt tailh.*
Le barbier du quartier appelé Larramée
Qui les pansa tous deux, leur fit une larmée,
Et *delire* envoya son frater diligent,
Dans la maison du maître, *entà* chercher onguent ;
Moi déjà tout *cambié ;* pilais dans ma *boutigue :*
Quand le frater arrive, il ne sait ce qu'il *digue ;*
D'avoir vu les blessés, il était tout *trancit ;*
Mon maître veut savoir, de leurs coups, le récit ;
Moi je prenais plaisir d'écouter l'aventure.
Quand je vis qu'il fallait onguent pour leur blessure,
Et que pas un des deux n'avait danger de mort,
Je *mesclai dab* l'onguent, l'alun et *l'aygue* fort,
Pour leur faire le mal et les *plagues escuire,*
Alors qu'il le faudrait de cet onguent enduire..
Toujours quand le barbier leur *cambiait* l'appareil,

— 317 —

S'*engouéchait* casiment, et *birait aû cap l'oueil*,
Et de tant leur cuisait *cridait biahore horce!*
Et faisait *dab las mas* et les pieds à *l'estorce*.
Dieu sait *dounques* comment, dès alors je *bragai*.
Sur ces deux compagnons de m'être ainsi *pagué*.

PAYSAA.

You crey que de toun cap, tu be la t'as lhebade,
Ou que que debat lous pés la mensounye as troubade ;
Car aüdit, you n'abi yamey counte ta bou.

L'APOTHICAIRE.

Par ma foi, croyez-men, tout est *berté*, *Pay-bou*.

PAYSAA.

Més sus, digues-me dounc, et chens debisa gouayre,
En que pot counsista l'art de l'Apouticayre,
Et dehens ta boutique, en que t'emplegues-tu ?

L'APOTHICAIRE.

A séparer, *primo*, des Simples, la vertu,
Faisant, *dab l'alambic*, *hère sorte* d'essences ;
Puis quand le Médecin donne ses ordonnances,
Les simples, comme il veut, *amasse* nous mêlons,
Avec nos *spatules* et *tamis* et *pilons*,
Les remèdes ainsi faisons dans nos *boutigues*,
Pour guérir nos malades.....

LE PAYSAN.

Je crois que dans ta tête tu l'as inventée,
Ou que tu as trouvé le mensonge sous tes pieds ;
Car jamais de ma vie je n'avais ouï un si bon conte.

L'APOTHICAIRE.

Par ma foi, etc.

LE PAYSAN.

Mais sus, dis-moi donc, et sans parler beaucoup,
En quoi consiste donc l'art de l'apothicaire?
Et dans ta boutique à quoi t'occupes-tu?...

L'APOTHICAIRE.

A séparer, *primo*, etc.

PAYSAA.

     Més be caü que tu digues
Quin a , l'apouticayre, ataü poudut sabé
Qu'herbes, flous, arradits, aüs malaüs hazen bé,
Et quin s'an imbentat aquères bilenies,
De houruca lous cus, et de hà las sagnies.

L'APOTHICAIRE.

Tous les rares secrets, *entà gouari* les maux,
Presque nous les avons appris des animaux ;
L'Ibis nous enseigna l'usage du clystère
En se fichant le bec plein d'eau par le derrière.
L'aquatique cheval, qui vit en quelqu'étang,
Nous montra de saigner ; car étant plein de sang,
Dab une *canabère* il se *traüqua la came* ;
La Cerby nous montra la vertu du dictame ;
L'arrudy, *la Paquèze*, et *la Serp*, *lou fenouil*,
Ainsi d'autres plusieurs, *que disè you nou bouilh.*

PAYSAA.

Jou soy fort desplazen que tu médich attestes,
Coum bous aütes n'èt dounc qu'aprénédis de bestis,
Adiü, you nou bouy plus touns discours escouta,
Ni deü boste mestié, moun hilh nou bouy bouta.

L'APOTHICAIRE.

Je me retire donc, piler dans ma boutique.

LE PAYSAN.

Mais il faut que tu dise,
Comment l'apothicaire a pu ainsi savoir
Qu'herbes, fleurs et racines faisaient du bien aux malades,
Et comment a-t-on inventé ces vilenies,
De fureter les culs et faire les saignées?

L'APOTHICAIRE.

Tous les rares, etc.

LE PAYSAN.

Je suis fort déplaisant que tu atteste toi-même
Que vous n'êtes donc que des apprentis de bêtes.
Adieu, je ne veux plus écouter tes discours,
Ni ne veux donner votre métier à mon fils.

L'APOTHICAIRE.

Je me retire donc piler dans ma boutique.

PAYSAN.

Guilhem, cerque à moun hilh, Meste d'aüte pratique,
Et chaüsech-lou dab sonin, qu'ens pousque countenta.

GUILHEM.

Oùn diable boulet-bous que you l'ani pesca?
You nou p'y tournerey, qu'aqueste aüte begade,
Si lou quip harey biene, adare nou p'agrade.

LE PAYSAN.

Guilhem, cherche à mon fils maître d'autre pratique,
Et choisis-le avec soin qu'il puisse nous convenir.

GUILHEM.

Où diable voulez-vous que j'aille le pêcher ?
Je n'y reviendrais que cette autre fois,
Si celui que je ferai venir maintenant ne vous convient pas.

ACTE IV.

MAITRE D'ARMES, PAYSAA, GUILHEM, DAUNE, GOUYE.

GUILHEM.

Are, Meste, ey gourrit à trubès de la Bielle,
De nad aüte douctou, you nou troby noubelle,
Que d'aqueste soulet, qui baü mey que lous aüts :
Car eth lous traite touts, de couquis et maraüts ;
Et per eth, à l'aüdi, quoate d'acquets s'estime,
Et per pé dise qui ey, qu'ey ù meste d'escrime.

MAÎTRE D'ARMES.

Je suis un Maître de cet art,
Qui, des lettres seules, à part,
Tous les arts, surpasse en noblesse,
Un art que chaque Roi professe ;
Un art qui porta les Césars
A braver, partout, les hasards,
Par toute la terre et sur l'onde,
Pour se rendre maîtres du monde.
Par la vertu de mon plastron,
Je fais un brave, d'un poltron,

ACTE IV.

MAITRE D'ARMES, PAYSAA, GUILHEM,
DAUNE, GOUYE.

GUILHEM.

Maintenant, maître, j'ai couru à travers toute la ville,
De nul autre docteur je ne trouve nouvelle
Que de celui-ci seul, qui vaut mieux que les autres;
Car il les traite tous de coquins, de marauds,
Et pour lui, à l'entendre, il s'estime comme quatre d'eux,
Et pour vous dire qui il est, c'est un maître d'escrime.

MAÎTRE D'ARMES

Je suis un maître de cet art, etc.

Montrant d'attaquer, de défendre,
Je sais, d'un coup, les hommes fendre,
Leur tirer le ventre dehors,
Percer de mille coups, leurs corps :
Ouvrir la tête aux moindres touches,
Pour y faire boire les mouches :
Je romps, jambes, cottes et bras,
Et du tranchant, les coupe ras,
Comme aussi les nés, les oreilles,
Et fais dix mille actions pareilles,
Qui font trembler les gens, de peur.
Quand ils seraient hommes de cœur :
Asture doncques, pour les femmes,
D'un souflet, je chasse leurs âmes,
Et leur beau corps, je fais par l'air,
Dans les antipodes voler :
J'ai des gens, ce que je désire,
Sans que nul ose me dédire.
De mes desseins, je viens à bout,
Je suis toujours maître partout :
Car lorsqu'en colère je semble :
Tout le monde, devant moi, tremble :
Et chacun, de crainte soumis,
Jure qu'il est de mes amis.

PAYSAA.

Aquet mestiè m'agrade ; aquet à moun hilh caü,
Enta, quoan hemne aüra, las coustures trucaü ;
Que de met de patac, de par lou diable creye ;
Et maü temps, coum you hèch, dab la mouilhé nous beye.

LE PAYSAN.

Ce métier là me plait, il convient à mon fils,
Pour, lorsqu'il aura femme, lui battre les coutures,
Que de peur et de coups elle obéisse de par le diable !
Et qu'il ne se voie pas du mauvais temps comme moi avec ma
              femme ;

Beü me cerqua, Guilhem, detire, de ma part :
Car las leçous, you bouy qu'aprengue d'aquet art.
Que si you n'èry pas tan abançat en atge,
Jou bouleri, coum eth, ha l'aprenedissatge :
Oh! que countre mas gens, you-m' pourtary balen,
Et que, darrégagna, n'abéren pas talen :
Ou b'és sentiren leü, Daüne, Baylet y Gouge,
Plabé dessus, patac, mey espés que la plouge,
Si ta leü coum mandessy, eths n'oum hazen lous ops;
Més esta, coum dits-om, nous nou poudem dûs cops.
Jou soy bieilh, y cargat de doulous y de goutes,
Qui nou-m' lechen droumy, la noueyt gouayre de goutes,
Et maneya nou pousch, ni bastou, ni bensilh :
Permou d'aquo jou bouy léchat entà moun hilh;
Car eth coumencera d'entra leü dens sas forces,
Eth que sab déya hà la lutte, et las estorces,
Et aü bire pugnet, aü gran yocq de manaü,
A la perche tabé, coum aü yocq deü caillaü,
Eth es acy, qu'arribe......

MAÎTRE D'ARMES.

Il a la mine mâle :
Et marque qu'il tiendra son coin, dans une salle ;
Je reconnais en lui, qu'il a tout ce qu'il faut
Pour porter une botte, et pour faire un assaut :
Je me trompe en un mot, si je n'en fais un brave.

LOU HILH.

Guilhem, nou m'as tu dit, que pay me demandabe?
Jou bieny tà sabé, quine es sa boulentat.

Va le chercher, Guilhem, de suite, de ma part :
Car je veux qu'il apprenne les leçons de cet art,
Que si je n'étais pas tant avancé en âge,
Je voudrais comme lui en faire l'apprentissage.
Oh! que contre mes gens je me porterais actif :
Et qu'ils auraient peu d'envie de grogner,
Ou ils se sentiraient tôt femme, valet et fille,
Pleuvoir dessus les coups aussi dru que la pluie,
Si aussitôt que je commanderais, ils n'exécutaient pas mes ordres.
Mais, comme on dit, on ne peut pas être deux fois.
Je suis vieux et chargé de douleurs et de goutte,
Qni ne me laissent guère dormir la nuit,
Et je ne puis manier ni bâton ni houssine ;
C'est pourquoi je veux le laisser pour mon fils,
Car il commencera à être bientôt dans sa force,
Et il sait déjà faire à la lutte,
Au tourne poignet, au grand jeu de *manau*,
Au tourne perche aussi et au jeu du caillou ;
Mais le voici qui arrive.......

LE MAÎTRE D'ARMES.

Il a la mine mâle, etc.

LE FILS.

Guilhem ne m'as-tu pas dit que mon père me demandait ?
Je viens ici savoir qu'elle est sa volonté.

PAYSAA.

Lou meste qui tu beds, que bieny d'arrestat,
Per te ha dens soun art, ha l'aprenedissatge,
Et hat craigne per tout, à caze et peü bilatge.

GUILHEM.

Jou bey qu'en boulet ha qu'aüque brabe guerrien,
Ya chaüsit ço quiü caü per han û gran baürien !

MAÎTRE D'ARMES.

Mais tais-toi, gros coquin, car ce discours m'offense,
Et si tu parle plus, avec tant d'arrogance,
De quatre coups de plat, je te romprai les os.

GUILHEM.

Peü cap de taü ! be crcy qu'en haram de bets tros !
S'im hès arrebira lou trouch de l'aguilhade,
Bé t'en apleguaras quaüque bère touquade,
Et mey que m'assegury, que l'at harè gaha :
Lheü, dab quaüque paüruc, t'at credès abé à ha ?

MAÎTRE D'ARMES.

Il se mocque des gens ?.....

LE PAYSAN.

Je viens d'arrêter le maître que tu vois,
Pour te faire faire en son art l'apprentissage
Et te faire craindre partout chez nous et au village.

GUILHEM.

Je vois que vous voulez en faire un de ces guerriers,
Vous choisissez-là ce qu'il faut pour en faire un vaurien.

MAÎTRE D'ARMES.

Mais tais-toi, etc.

GUILHEM.

Peü cap de taü! (1) je crois que nous allons faire de la bonne besogne,
Si tu me fais lever le gros bout de mon aiguillon,
Tu vas en recevoir quelque bonne taloche,
Et je m'assurerai de la faire plomber.
Tu as peut-être cru avoir à faire à quelque poltron?

MAÎTRE D'ARMES.

Il se moque des gens?....

(1) Juron béarnais qui signifie mot-à-mot : *Par la tête du Taureau.*

GUILHEM.

Nou hey nou, que nou gaüsy;
Més lou qui t'aye poü, peü cap que s'et descaüssy,
Que you ne t'en ey pas......

MAÎTRE D'ARMES.

Ah ! l'effronté coquin ?
J'ai honte de porter la main sur un faquin !
Autrement, d'un souflet, je le mettrais par terre.

GUILHEM.

Que veut dire faquin ? je suis homme de guerre !
Et j'ai porté les armes au service du roi,
Et sais parler français......

MAÎTRE D'ARMES.

Porté les armes, toi?

GUILHEM.

Juste marre pour moi, car de perdre la vie,
Je fis *un bet escap deban* Fontarrabie.

GUILHEM.

Non, non, je n'ose pas,....
Mais que celui qui te craigne se déchausse par la tête,
Pour moi je ne te crains pas.....

MAÎTRE D'ARMES.

Ah ! l'effronté coquin !

. . . .

GUILHEM.

Que veux-tu dire faquin?... Je suis homme de guerre,
Et j'ai porté les armes au service du roi :
Je sais parler français......

MAÎTRE D'ARMES.

Porté les armes, toi?....

GUILHEM.

Juste marre, etc.

MAÎTRE D'ARMES.

Il faut prendre plaisir avec son barragoin :
Eh ! comment tu n'as pas fait la guerre plus loin?
Et tu n'as jamais fait qu'une seule campagne?

GUILHEM.

Comment, morbleu, plus loin? N'est-ce pas en Espagne?
Je ne pouvais plus loin, en nul pays aller :
Car la mer est *aquiü*, si l'eussiez *biste esler*,
Et quin en son *maléés*, *en taü ceü lhébait* l'onde ;
Vous eussiez dit *coum you*, que c'est la fin du monde,
Car outre, on ne peut pas passer, sans *engourguer*,
Et si trop on entrait, en danger *d'es neguer*.

MAÎTRE D'ARMES.

Tu dis vrai, mais dis-moi : tout homme de service,
Comme toi, doit entendre à faire l'exercice?
Je veux dire, d'une arme comme pique ou mousquet.

GUILHEM.

Oh ! Monsieur, je le sais, mieux que *de bet chiquet*,
Vous *n'abériés pensé;* car je sais, pour la pique,
De quel *cap* on la tient, de quel *cap* on la *hique*,
Je sais *dab* l'halebarde, les têtes *escailler*,
Et *dab* l'épée aussi, comme il faut batailler :

MAÎTRE D'ARMES.

Il faut prendre plaisir, etc.

GUILHEM.

Comment, morbleu, etc.

MAÎTRE D'ARMES.

Tu dis vrai, etc.

GUILHEM.

Oh ! Monsieur, etc.

Or donc, pour le mousquet, en rien je ne *m'y pèque*,
Je le sais bien porter, *carquer*, souffler la *mèque*,
Et tous les autres tours, qu'avec cette arme on fait.

MAÎTRE D'ARMES.

Tu parais, au discours, habile tout-à-fait,
Et ton discours dénote, en toi, de la hardiesse ;
Mais il faut, devant nous, faire voir ton adresse,
Je veux que, le premier, tu fasses la leçon ;
Car ce sera beaucoup pour ce jeune garçon !
Quand il t'aura vu faire, il comprendra sans peine,
Comment, en sa leçon, il faudra qu'il s'y prenne.

PAYSAA.

Moussu, per la leçou, n'oup basquet pas d'aquo ;
Més que passade l'aye, eth la saüra per coò,
Et goayres deüs deü loc nou ban pas à l'escole,
Qui de lége et d'escribe, eü saboussen tié tole.

LOU HILH.

Obio pay ; si bous plats, you b'eüs y hey à touts,
Ou de lége aüs pargams, ou mieille escribe aüs mouts ;
Et you b'eüs ey à touts goadagnade la place.

MAÎTRE D'ARMES.

Cette leçon n'est pas celle qu'il faut qu'il fasse.
Dans le terme de l'art et de notre façon,

MAÎTRE D'ARMES.

Tu parais au discours, etc.

PAYSAN.

Monsieur, pour la leçon, ne vous préoccupez pas de cela ;
Une fois qu'il l'aura lue, il la saura par cœur,
Et il n'y en a guère du lieu qui aillent à l'école,
Qui à lire et écrire puissent lui tenir tête.

LE FILS.

Oui, père, s'il vous plait, je les défie touts,
A lire les parchemins et mieux écrire les mots ;
Et je leur ai à touts gagné la place.

MAÎTRE D'ARMES.

Cette leçon n'est pas, etc.

Ce que nous enseignons, nous l'appellons leçon,
Comme se bien armer, en garde se bien mettre;
Glisser, faire le pas, partir et se remettre;
Délier, faire appel et quelquefois écart,
Et mille autres beaux jeux que nous enseigne l'art;
Lesquels, par le détail, seraient longs à vous dire,
Qui sont d'autres leçons, que de lire ou d'écrire!
Vous le pourrez comprendre après que le valet
Aura fait l'exercice......

GUILHEM.

Eh! comment, moi *soulet?*
Il faut que vous et moi nous le fassions *amasse*,
Afin que me disiez ce qu'il faut que je fasse,
Et verrez comme quoi je saurais faire tout.

MAÎTRE D'ARMES.

Je le veux, mais pendant que j'accommode un bout
Dessus chaque fleuret, pour nous mettre en posture,
Ne nous voudrais-tu pas raconter l'avanture
Qui te pensa couter si cher dans le combat?

GUILHEM.

Oui, ma foi, vous vouliez en entendre *l'esbat*,
Afin que le disant, je vous en fisse rire!

MAÎTRE D'ARMES.

Quel que fut ton malheur, il faut bien nous le dire.

GUILHEM.

Et comment, moi soulet, etc.

MAÎTRE D'ARMES.

Je le veux, etc.

GUILHEM.

Oui, ma foi, etc.

MAÎTRE D'ARMES.

Quel que fut ton malheur, etc.

GUILHEM.

Oh ! que j'*aberais* bien mieux fait de *m'espoufer;*
En le disant, de moi je me ferais *trufer;*
Et puis, en mou discours, j'en *discrais de bounes;*
Car je n'ai pas été dans les *Frances pregounes*
Pour savoir comme il faut le français *escapser.*

MAÎTRE D'ARMES.

Pour un bon franciman, tu peux par tout passer,
Et tu parles, ma foi, le français à merveilles.

BAYLET.

Vous me faites grater derrière les oreilles,
Et sans que je m'y *prugue*, en me disant ce mot.

MAÎTRE D'ARMES.

Je ne me mocque point......

PAYSAA.

Bos que sià, Guilhemot,
Cred mé, léchem à part la lengue francimande,
Et digues en béarnés lou counte qu'it demande.

GUILHEM.

Oh ! que j'*aberais*, etc.

MAÎTRE D'ARMES.

Pour un bon *franchiman*, etc.

LE VALET.

Vous me faites gratter, etc.

MAÎTRE D'ARMES.

Je ne me moque pas.....

LE PAYSAN.

Veux-tu que ce soit, Guilhem,
Crois-moi, laissons à part la langue francimande,
Et dis-nous en béarnais le conte qu'il te demande.

BAYLET.

Mesté, you qu'at harèy, puch que bous m'at mandat.

LOU HILH.

Et qué ! lou counte, pay, de quoan ère souldat ?
Quoan se lecha pana lou mousquet y l'espade ?

MAÎTRE D'ARMES.

Le conte sera bon......

BAYLET.

      Allè lengue d'aücat !
Si toustem nou parlabet be seré gran pécat ;
Dilheü, tà prega Diü, nou seré pas tà prounte ;
Puch que tan ne sabet, hèt lou dounc bous, lou counte !

LOU HILH.

Guilhem, n'oup fachet pas, y'oup demandi perdou.

BAYLET.

Rugle aü counte en harè, que caüqu'arré nou-m' dou.

LE VALET.

Maître, je le ferai puisque vous me le demandez.

LE FILS.

Eh ! quoi, père, le conte de quand il fut soldat?
Quand il se laissa voler le mousquet et l'épée?

MAÎTRE D'ARMES.

Le conte sera bon.....

LE VALET.

Allez langue d'oison,
Si vous ne parliez toujours ce serait grand dommage,
Pour prier Dieu, peut-être, vous ne seriez pas si prompt?
Puisque vous en savez tant, faites-le donc vous le conte !

LE FILS.

Guilhem, ne vous fâchez pas, je vous demande pardon.

LE VALET.

Diable, nul conte ne ferai, qu'il ne me donne quelque chose.

MAÎTRE D'ARMES

Eh! bien, ne reste pas, tu recevras pour boire :
Mais il faut qu'en français tu nous fasse l'histoire.

BAYLET.

You nou sçey, ni nou bouy hà lou counte en francés.

PAYSAA.

Moussu, s'ataü bous plats, b'entenet lou béarnés?

MAÎTRE D'ARMES.

Je l'entends assez bien......

PAYSAA.

Léchat-lou hà à sa mode,
Et bous arriderat......

MAÎTRE D'ARMES.

De tout je m'accomode.

BAYLET.

Moussu, que m'en derat dounques entaü pintou.

MAÎTRE D'ARMES.

Eh! bien ne reste pas, etc,

LE VALET.

Je ne sais ni ne veux dire le conte en français.

LE PAYSAN.

Monsieur, s'il vous plait, vous comprenez le béarnais?

MAÎTRE D'ARMES.

Je l'entends assez bien.....

LE PAYSAN.

Laissez-le faire à sa guise
Et vous rirez......

MAÎTRE D'ARMES.

De tout je m'accommode.

LE VALET.

Monsieur, vous m'en donnerez donc pour le pinton.

MAÎTRE D'ARMES.

Oui......

BAYLET.

You baü dounc hà lou counte ; alougat lou boutou.

~~~~~~

COUMENÇAMEN DEÜ COUNTE.

Bé caü dounc qué sapiat que quoan en nouste terre,
Lous Capitaàs deü Rey, lheban la yen de guerre,
Eths mandan aüs Jurats, qué sus péne de Ley,
Eths deben enroula, segoun l'ourdi deü Rey,
Lous mielhous heretès et lous riches esterlous;
Aquets eths y boulen, entà plumaüs coum merlous,
Lous qui sabèn sustout qu'abèn de bous cabaüs;
Car eths èren en reyte, entà croumpa chibaüs;
Espades, pistoulets, habilhamens y bottes,
Et per mielhou de poü, rançouna las hemnottes,
Eths s'abèn attraçat dus ou trés courretès,

MAÎTRE D'ARMES.

Oui......

LE VALET.

Je vais donc dire le conte, arrangez le bouton.

~~~~~~

COMMENCEMENT DU CONTE.

Il faut donc que vous sachiez que lorsqu'en notre terre,
Les capitaines du roi levaient la gent de guerre,
Ils mandèrent aux jurats que, sous peine d'amende,
Ils devaient enrôler, d'après l'ordre du roi,
Les meilleurs héritiers et les riches cadets ;
C'étaient eux qu'ils voulaient pour les plumer comme des merles;
Ceux qu'ils savaient surtout qui avaient de fortes réserves,
Car ils étaient à court pour acheter des chevaux,
Des épées, des pistolets, des habillements et des bottes,
Et pour mieux de peur rançonner de pauvres femmes,
Ils s'étaient procurés deux ou trois sacripants,

Arnégadous de Diü, coum bèts bieils carratès,
Yens de corde et de sac, héroutyes de bisatye,
Qui gourriben pertout, bilatye per bilatye ;
Enfin, eths arriban touts amasse à l'oustaü
Et nou houn pas mey leü, deban nouste pourtau,
Qu'eths criden : *Bonnes gens ouvrez vite la porte;*
Je suis homme du Roi qui ses ordres apporte.
Aüdin lou noum deü rey, pay, lou cap descubert,
Oubry mous Capitààs : quoan ou la porte oubert,
L'ù qu'eü dits, *mon ami, montre-moi ta famille.*
Moussu, ça respoun pay, las habes que desquille ;
Bous la beyrat aquiü, segude en bèt pialot.
Ça digou lou jurat, oun abet Guilhemot ?
Be yey, ça respoun pay, s'ib pod rende serbici.
Ça respoun lou jurat, be caleré qu'eü bissi ?
Pay que digou labets, you peü baü hà bedé.
You m'at aüdibi tout, d'eü pè d'eü caühadé,
Et lou cô qu'em hazè, coum bère tapatère,
Quoan m'enteni nouma. Pay dounc que t'em apère,
Et que t'em présenta deban aquets Moussus ;
L'ù qu'em hé dà dûs tours à capbat et capsus,
Et qu'em hé passeya, per dehens la parguie,
Coum haré, bèt poury, per dehens la hourquie,
Si trop abousse abut embeye de croumpaü ;
Pusch qu'em hé remeya, plantat dret coum û paü ;
Et quoan m'aboun prou bist, que dits, *morbleu: ce drôle,*
Est un corps bien planté, mettez-le sur le rôle.
Lou jurat que t'em merque, et qu'em digou, Guilhem,
Entà serbi lou rey, nous caü que t'habillem,
Et qu'em manda tabé, que lou Seryan seguissi,

Jurant le nom de Dieu comme de vieux charretiers,
Gens de sac et de corde, horribles de visage,
Qui s'en allaient partout de village en village ;
Enfin, ils arrivèrent tous ensemble à la maison,
Et ils ne furent pas plutôt arrivés devant notre portail
Qu'ils crièrent : *bonnes gens, ouvrez vîte la porte;*
Je suis homme du roi qui ses ordres apporte.
Entendant le nom du roi, mon père la tête découverte,
Ouvrit aux capitaines; quand la porte fut ouverte,
L'un lui dit : *mon ami, montre-moi ta famille.*
— Monsieur, répond mon père, elle écosse les fèves ;
Vous la verrez-là assise toute ensemble.
Ça, dit le jurat; où avez-vous Guilhem.
Il y est ; répond mon père, prêt à vous servir.
Mais reprend le jurat, il faudrait que je le visse.
Mon père lui dit alors, je vais vous le faire voir.
Moi, j'entendais tout du pied du foyer,
Et le cœur me battait vivement
En m'entendant nommer ; mon père alors m'appelle
Et me présente à tous ces messieurs ;
L'un me fit faire deux tours par haut et par bas,
Et me fit promener dans la basse-cour,
Comme un poulain sur le forail,
S'il avait eu quelqu'envie de l'acheter.
Puis il me fit tenir planté droit comme un pieux,
Et quand il m'eût assez considéré : *morbleu, ce drôle,*
Est un corps bien planté ; mettez-le sur le rôle.
Le jurat me marqua et me dit : *Guilhem,*
Pour servir le roi, il faut que nous t'habillions.
Et il m'ordonna aussi de suivre le sergent

Lous dies qui caloure ana hà l'exercici.
Quoan hou biengut lou tems d'ana mustre passa,
Touts lous sourdats deü locq, lou Seryan qu'amassa,
Et que t'ens coundusi hens la maysou coumune ;
Aquiü, cade sourdat debè prene sa trune
D'espade y de mousquet, qui lous cossous bailhan,
Que t'em den û chapeü, loung coum bère tourrete ;
You-'n by deüs qui l'aben retroussat en troumpete ;
Coum eds, dab û riban, you qu'eü t'em arcamè ;
Més quoan l'abuy seü cap, semblabi û San-Germè.
Après t'em ahiran û guinsail de casaque ;
Que s'èren plà gouardats de halem tailhe braque ;
Car èro m'ateignè debat lou cabilha,
Coum aüs palefreniès quoan bolin estrilha.
Us sabatous me den, dab trés semelles granes ;
You qui n'abi yamey pourtat de taüs patanes,
Houy tout estros deüs pès, tan lous abi sarrats,
Coum lous pourys quoan soun lou prumè cop herrats ;
Pusch coum bèt subersac, pourta moussu la gouarde,
I qu'em cinta sous mails, l'espade dab sa gouarde,
Oun las pigues adayse, aberen heyt lurs nids ;
Ere abè lou tailhan larye de quoate dits :
Més de taü de sorte b'ère arrougnouse de gale,
Que you nou la poudi, chens gran brut, d'arriga-le ;
Et que m'y calè plà mey d'û cop essaya,
Et mey de péne abi tà tourna-le estuya.
Puch me penoun aü cot coum bère banderole,

Les jours où il faudrait aller faire l'exercice.
Quand fut arrivé le temps de passer la revue,
Tous les soldats du lieu, le sergent ramassa,
Et il nous conduisit dans la maison commune.
Là, chaque soldat devait prendre son équipement
D'épée et de mousquet que les *cossous* (1) donnèrent.
On me remit un chapeau haut comme une tourelle,
J'en vis de ceux qui l'avaient retroussé en trompette;
Comme eux, avec un ruban, je me l'attachai;
Mais quand je l'eus sur la tête je ressemblais à un pélerin.
Après on m'afflubla d'une mauvaise casaque,
On s'était bien gardé de faire courte de taille,
Car elle me descendait jusqu'aux talons,
Comme aux palefreniers quand ils veulent étriller,
Ils me donnèrent des souliers avec trois fortes semelles;
Moi qui n'avais jamais porté semblable chaussure,
Je me sentis tout gêné des pieds, tant je les avais serrés,
Comme les poulains quand ils sont pour la première fois ferrés.
Puis, comme couvre sac, porta monsieur le garde,
Et il me ceignit sur les hanches l'épée avec sa garde,
Où les pies à l'aise auraient fait leurs nids;
Elle avait le tranchant large de quatre doigts,
Mais elle était tellement rongée de rouille
Que je ne pouvais sans grand bruit la dégainer,
Et il m'y fallait plus d'une fois essayer,
Et j'avais encore plus de peine pour la remettre dans le fourreau.
Puis on me pendit au cou comme une banderolle,

(1) *Cossous*, officiers municipaux.

Dab force calamas heyts coum lous de l'escole.
You crédouy per la fé, béde d'aquets couliés,
Qui penen quaüque cop aüs mulets deüs Oüillés,
Carcats de flocs de làa, d'esquirous et d'esquires.
You digouy, que caü hà d'aquestes tiralires?
Ça-digou lou Seryan, aquo soun lous flasquets,
Propis entà bouta la poudre deüs mousquets;
Enfin, per acaba d'alougam en gendarme,
U gros et bieilh mousquet que t'em pourtan per arme,
Pésan, que nou's léchabe à d'ayze maneyas.
Toustem dessus l'espalle, é s'em couneich lou yas.
Dounques touts lous sourdats en médich esquipatyc,
Aü darrè deü Seryan, passaben peü bilatye:
You caminaby dret coum si houssy esterat:
Enfin, nous arribem bèt tros louein hens û prat,
Oùn se débè trouba toute nouste milicy,
Dab noustés Capitàs, entà hà l'exercicy.
Tanticam qui là hum, brabemen you t'appren,
A pourta lou mousquet, y plà tiéne lou renc:
Més quoan lous Capitàs hazèn doubla las files,
Aquo ya saben hà, lous souldats de las biles;
Més per lous deü bilatye, eths y'éren tan estros,
Que de trucs. lous seryans, lous poudaben lous os:
Més aquero pourtan, nou hou qu'arrous encouère,
Dinquio qu'eth nous digou: *mes enfants, faut se taire!*
Asture, écoutez-moi bien attentivement,
Lorsque je vous ferai dounques commandement

Avec force *calamas* (1) faits comme ceux de l'école,
Je crus voir par foi certains de ces colliers
Que l'on pend quelquefois aux mulets des marchands d'huile,
Chargés de bouquets de laine, de grelots et de sonnettes,
Je m'écriai, que faut-il faire de ces tire-lires?
Cela, dit le sergent, ce sont là les flasques
Destinés à mettre la poudre des mousquets ;
Enfin, pour achever de m'arranger en gendarme,
Un gros et vieux mousquet on m'apporta pour arme,
Si pesant, qu'il ne se laissait qu'avec peine manier,
Toujours sur l'épaule, depuis lors se connaît l'empreinte,
Doncques, tous les soldats dans le même équipage,
A la suite du sergent traversèrent le village,
Je marchais droit comme un piquet.
Enfin, nous arrivâmes assez loin dans un pré
Où se devait trouver toute notre milice,
Avec nos capitaines pour faire l'exercice.
Aussitôt que nous y fûmes, bravement j'apprends
A porter le mousquet et bien tenir le rang.
Mais quand les capitaines faisaient doubler les files,
Cela savaient bien faire les soldats des villes ;
Mais quant à ceux du village, ils y étaient si gauches,
Que de coups, les sergens, leur brisaient les os.
Mais cela pourtant ne fut encore que rosée
Jusqu'à ce qu'il nous dit : *mes enfants, faut se taire !*
Asture, écoutez-moi bien attentivement ;
Lorsque je vous ferai dounques commandement

---

(2) Partie supérieure d'une écritoire de poche, étui dans lequel on met les plumes, du latin *calamarius*.

De faire quelquefois le demi tour à droite,
Vous vous tournerez tous, prompts comme la girouette,
Dessus le talon gauche, et de tête au Pounlong ;
Et faites comme moi. Eth qu'és birabe dounc,
Puch qué tournabe dise : *il faut, tout au contraire,*
Le demi tour à gauche, sur le talon droit faire,
Et droit à las mountagnes, *comme moi se tourner.*
Qu'il ne faille donc plus, autre avis vous donner.
La droite est le Pounlong, *la gauche est* las mountagnes:
Aquo que n'ère pas per nous pourgua castagnes :
Yamey lous deü bilatye, eths nou's pouden plégua,
Et mille yuramens nous lou hem arnéga.
Tabé per lou seryan, b'ens hé truqua la harde,
A cops de platissats, et cops de hallebarde :
Tan m'en y dé bèt cop, qu'em pensa escurroua,
Perço que plà n'oum ery sabut arremiroua.
Toustem de poü despuch, quoan deban eth passaby,
Plegat entà l'estrem, lou cu you que panaby.
Aban dounc l'exercicy, eth nouns poudou mucha,
Entà Fountarrabie é t'ens calou marcha ;
P'eü camy que minyem qu'aüqu'aücat et garie :
Més quoan hum là, p'cü cot nouns passabe harie,
Sinou que paycoulets, mey horts que lous caillaüs.
Lous sourdats de bilatye, ey cadoun touts malaüs.
Coum abem coustumat la douçou de la broye,
Aü cot que t'ens gaha coum bère perpitoye,
D'enguisera tà dû lou pà de mounissiou.

De faire quelquefois le demi tour à droite,
Vous vous tournerez tous, prompts comme la girouette
Dessus le talon gauche, et de tête au Founloung,
Et faites comme moi. — Eth qu'es birabe dounc.
Pusch qué tournabe dise : *il faut tout au contraire,*
Le demi tour à gauche sur le talon droit faire,
Et droit à las mountagnes, comme moi ce tourner;
Qu'il ne faille douc plus d'autre avis vous donner.
La droite est le Pounlong, la gauche est las mountagnes;
Cela n'était pas pour nous éplucher des chataignes;
Jamais ceux du village ne s'y pouvaient plier,
Et nous leur faisions faire mille jurements.
Aussi par le sergent, il nous fit battre les hardes
A coups de plats de sabre et coups de hallebarde.
Il m'en donna tant une fois qu'il pensa m'*escurouer* (1),
Parce que je n'avais pas su assez bien me retourner;
Toujours depuis lors quand je passais devant lui,
Tout plié de côté, je m'effaçais avec le plus grand soin.
Avant donc qu'il ne put nous apprendre à faire l'exercice
Vers Fontarabie il nous fallut marcher;
Dans le chemin, nous mangeâmes quelqu'oie et quelque poule;
Mais quand nous fûmes là par le cou il ne passa pas de farine,
Sinon des petits pains, plus forts que des cailloux.
Les soldats du village y tombèrent tous malades.
Comme nous étions accoutumés à la douceur de la broye,
Au col il nous prit comme une espèce de pituite
Pour avoir avalé si dur le pain de munition.

(1) *Escurroua*, casser le croupion.

Aquiü qu'em hen à you la grane trahisou :
Car lou seryan-major, qui la gouarde cambiabe,
Et qui nade brigaille à you que n'oum aymabe,
Perço qui nad pintou you nou bouly paga.
Eth me dits bèt maty, siü bouly coumbida?
You qu'eü digouy que nou : labets eth t'em querelle,
Et que t'em ba paüsa lou brespe en sentinelle,
Aü daban la maysou de nouste coumandan.
Là, de toute la noueyt, à you nou t'em mudan,
Ni tapoc lou maty, qu'ère déyà haüte hore.
Dounques à you t'em pren talen d'ana dehore,
Per anam alleüyi, saub boste courrectiou,
U chiquet lous budets, deü pà de mounissiou.
Chens m'y crede peca, tan la coente em pressabe ;
Près lou pourtaü paüsey lou mousquet et l'espade,
Et que t'em baü bouta drin darrè la maysou.
Détire dùs souldats, d'aquets de garnisou,
Qui m'aben bist, you't sçey, l'ù que t'em pane l'arme :
L'aüt per darrè qu'em gahe, et cride : alarme ! alarme !
En aquero disen, aquet tros de pénut,
De pille à l'endarré, t'em hé cade tenut.
Me voilà donc cu nu, segut sus ma besougne :
Yutyeat si m'éri bèt emplastrat de gaüdougne?
Més chens mé dà lou tems de poudé néteyam,
Que t'em l'heby détire, et tourny guilletam,
Pusch courry taü pourtaü, més mas armes n'ey troby,
Ni diable la noubelle, aü tour, you noun descroby,
You demouraby pec coum bèt abenturè.
Biengou moussu seryan, qui g'ère treyturè.
De met ta leü quiü by, s'em escapen las larmes,

C'est là qu'on me fit la grande trahison ;
Car le sergent-major, qui relevait la garde
Et qui ne m'aimait pas du tout,
Parce que je ne voulais pas payer la tasse,
Me demande un matin si je veux l'inviter ;
Je répondis que non, alors il me querelle ;
Et il va me poser le soir en sentinelle
Devant la maison de notre commandant.
Là, on ne me relève pas de toute la nuit,
Ni le matin ; déjà l'heure était avancée ;
Il me prit donc besoin d'aller dehors
Pour aller alléger, sauf votre correction,
Un petit peu les boyaux du pain de munition.
Sans croire m'y tromper, tant la chose me pressait ;
Près du portail je déposai le mousquet et l'épée,
Et je vais me mettre un peu derrière la maison.
Aussitôt deux soldats, de ceux de garnison,
Qui m'avaient vu, je pense, l'un me vole l'arme,
L'autre me prend par derrière et crie : alarme ! alarme !
En disant cela, ce vilain pendu,
En arrière me fait tomber tout de mon long.
Me voilà donc cul nu, assis sur ma besogne :
Jugez si j'étais bien amplâtré de confiture ?
Mais sans me donner le temps de pouvoir me nétoyer,
Je me lève et tout de suite je me rhabille,
Puis, je cours au portail, mais je n'y trouve pas mes armes,
Ni diable la nouvelle nulle part je n'en découvre,
Je demeurai tout sot comme un homme égaré.
Arrive Monsieur le sergent, qui était traître ;
De peur, aussitôt que je le vis, mes larmes s'échappèrent,

Eth me cride de loing : *coquin! où sont les armes?*
Quoi! tu les laisse prendre étant en faction?
Il faut, pour le punir, lui donner le mourion ;
Allons donc, mes enfants, vîte qu'on le saisisse.
Us bergams de sourdats, canaille amassadisse,
Détire que t'em gahèn peü bras, et per la mà,
Et lous pès countre d'eths que t'em hen perrema.
L'û prengou lou mousquet et cride : *place! place!*
Et seü cu m'abourrech û gran cop de culasse,
Et que l'am hé gaha chens doü, tan qui poudou.
Tantican, à l'entour, se lheba gran pudou :
Car quoan me dé lou trucq, et qu'ère à male guise,
Qu'em tapa lou péguet enter pèt et camise ;
Lou prumè qui senti lou muscq, arré nou dits ;
Més lou nas se boussa tanticam, dab lous digts,
D'eü trucq qu'im tourna dà, t'em crouchi la timplégue,
U qui aüdi lou crouchit coum pudibe à la pégue,
Et coum plus s'em gaha la camise à la pèt,
Ça digou dounc aquet : *ce bougre a fait un pet.*
Oui, ça digoun lous aüts, *que le diable l'y coze* ;
Ça digou lou sergean, *redoublez-lui la dose.*
You parey quaïiques trucqs coum bèt sentenciat ;
Més enfin, you cridey, perque caü qu'em battiat?
Bous aütes pagarat aqueste truffe amare.
Labets lou coumandan qu'entenou la batsarre,
Et que courrou d'tire, eth qu'ère û gros tripè :
Més hore d'eü pourtaü, n'ou pas boutat lou pè,
Qu'en s'aprouchan de you, moun gros tripé d'amboise,
Aütà plà coum lous aüts, que senty la framboise.
Détire en se biran, ça dits moun sentpansard,

Lui me crie de loin : *coquin où sont tes armes ?*
Quoi tu les laisse prendre étant en faction ?
Il faut pour le punir lui donner le morion ,
Allons donc, mes enfauts, vîte qu'on le saisisse......
Des vauriens de soldats ramassis de canaille,
Tout aussitôt me prirent par les bras et la main
Et me firent placer les pieds contre eux.
L'un prit le mousquet et cria : place ! place !
Et m'asséna sur le derrière un grand coup de crosse,
Et il appuya aussi fort qu'il le put ;
Aussitôt à l'entour s'éleva une grande puanteur ;
Car quand il m'asséna le coup, j'étais très-mal placé,
Il me tapa la poie entre peau et chemise.
Le premier qui sentit le musc, ne dit rien,
Mais il se boucha le nez aussitôt avec les doigts ;
Du coup qu'il me redonna, il me fit craquer les jointures.
Un qui entendit le craquement et comme la poie sentait
Et comme de plus en plus la chemise se collait à la peau,
Celui-là dit donc : *ce bougre a fait un pet*
Oui, dirent les autres : *que le diable l'y coze.*
Le sergent dit alors : *redoublez-lui la dose.*
Je reçus quelques coups comme un pauvre patient ;
Mais enfin je criai : pourquoi me battez-vous ?
Vous paierez cette amère moquerie ;
Alors le commandant entendit le tapage ;
Il accourut aussitôt, c'était un gros pansard ;
Mais hors du portail à peine eut-il posé le pied,
Qu'en approchant de moi mon gros pansard d'amboise,
Aussi bien que les autres, sentit la framboise,
Aussitôt se tournant : or ça ! cria mon saint-pansard,

Donnez-en deux douzaines à ce puant pendard.
Ça digouy you labets, O! que tà gran bendresque,
Per la porte d'eü bente, en arretails te gesque!
Més de mét aquets mouts, douçamen escapsè :
Mouns sourdats me truquan labets coum û capsè.
Enfin, quoan eths houn las de dam la platissade,
Lou seryan me tourna lou mousquet y l'espade,
Et coum lous aüts sourdats, à caze m'en embia.

PAYSAA.

Bé crey que set hazè bèt dehèt d'et cambia?

BAYLET.

Trop se m'en hé dehèt, et trop m'apary grise,
Que malayc sus you n'ous pouyri la camise!

LOU HILH.

Et nou p'en moumbre, pay, quoan aü boscq s'en ana,
Et quoan d'eü coumandan, la camise pana,
Que dessus l'y biengou recounéche la basque?

BAYLET.

Caü que parle toustem, et nou sap ço qui chasque!
Boulet-pé bous cara? sinou you-m' carerey,
Et lou counte, la fé, que n'oup acabarey,
Destourbat b'em abet are quoan acababy.

Donnez-en deux douzaines à ce puant pendard.
Je m'écriais alors : oh! que ta grand' tripaille,
Par la porte du ventre te sorte par lambeaux !
Mais de crainte je dis tout doucement ces mots ;
Les soldats me battirent alors comme un matelas ;
Enfin quand ils furent las de me donner la schlague,
Le sergent me rendit le mousquet et l'épée,
Et comme les autres soldats me renvoya chez moi.

LE PAYSAN.

Je crois qu'il te tardait de changer de linge ?

LE VALET.

Il ne me tarda que trop et trop me survint grise.
Plût a Dieu que sur moi eut pourri la chemise !

LE FILS.

Vous ne vous rappelez pas, mon père, quand il s'en alla au bois,
Et quand du commandant il vola la chemise,
Que sur lui vint reconnaître la basquaise ?

LE VALET.

Il faut qu'il parle toujours et ne sait ce qu'il mâche !
Voulez-vous bien vous taire ? ou bien je me tairai,
Et le conte, ma foi, je n'acheverai pas,
Vous m'avez interrompu juste quand je terminais.

PAYSAA.

Boute, acabc, baylet.....

BAYLET.

Dounques you m'en tournaby
Entà caze, soulet de patac tout moulut.
D'aban que de-y ana, you b'aby résoulut,
En m'espana d'eüs aüts, p'eüs camis à desguise,
D'anam en quaüque locq, nétéyam la camise;
You m'en baü hens û boscq, oun lou diable boulou,
Que coum hazè labets gran die de calou,
Qu'auprès hazen sequa bèt ténedé de peilhe;
You pensey, ta camise ey trop horte et trop bieilhe,
Mey baü qu'en panis ue, entà qu'ayes leü heyt;
Prumè que ha lou cop, en guignan hy lou goueyt,
Bedé si per l'entour, paroure nade basque;
Car mey qu'arrés n'oum bisse, arré n'oum hazè basque,
Quoan by dounques qu'arrés n'oum poudè pas bedé,
Ma camise you baü chaüsim aü ténedé,
Et que l'am prengu plà, la plus fine et plus bère !
Pusch, aü boscq te m'en baü dens bère escounatère,
Là you que t'em descaüssi, et tiri moun guinsailh,
Et que t'em fréti plà d'inquio dessus lou majlh;
Pusch qu'em boutey dessus ma camise bien blanque,
Més d'estuya la mie, aquiü que hy la manque;
You pensabi d'abé plà guagnat moun yournaü;
Bragan mey qu'û cagoth nou brague en heste en naü,
You m'en tourney jouyous, à l'oustaü de moun hoste;

LE PAYSAN.

Je t'en prie achève, valet......

LE VALET.

Je m'en retournai donc
Chez-moi, tout seul, moulu de coups;
Mais avant d'arriver, je m'étais résolu
De m'écarter des autres en chemin, dans le but
D'aller en quelque endroit nettoyer ma chemise;
Je m'en vais dans un bois, où le diable voulut,
Et comme il faisait alors un jour de grande chaleur,
Que tout auprès on faisait sécher une grande quantité de linge.
Je pensai, ta chemise est trop sale et trop vieille,
Mieux vaut en voler une pour que tu aie plutôt fait.
Avant que de faire le coup, je fis le guet
Pour voir si aux alentours paraissaient quelque basquaise;
Car, pourvu que personne ne me vit, le reste m'inquiétait peu.
Quand je vis donc que nul ne pouvait me voir,
Je vais choisir ma chemise au séchoir,
Et je la pris bien, la plus fine et plus belle !
Puis je m'en vais dans le bois, dans une belle cache;
Là, je me déchausse et jette ma guenille,
Et je me frottai bien jusqu'au dessus des hanches;
Puis, je mis sur mon corps la chemise bien blanche;
Mais de cacher la mienne, c'est là que je fis faute.
Je pensais avoir gagné ma journée,
Plus fier qu'un cagot n'est fier en jour de fête,
Je m'en retournai joyeux à la maison de mon hôte,

Més camise boutey yamey, qui tan me coste;
Car dounc lou lendouma, hou per you lou malhur
Que d'aquère camise, oun cerca lou boulur;
Dab û campich laquay, bère basque qu'arribe,
Qui qu'aüque capitaà de l'armade blanquibe,
Et que pourte û billet à nouste coumandan;
Détire, de sa part, lous seryans nous mandan
Que deban soun loutyis, nous troubèssem sus l'hore;
Aütà-leü qui là houm, moun porcq sourti dehore,
Dab la guze de basque, et moussu lou laquay,
Et qu'eüs dits : *regardez!* Aquo n'oum hé nad gay.
Ma basque cerque dounc, pègue coum ue briague,
Yargoueeyan toustem sa hourrigue hourrague;
Et pusch quoan nous aboun bien regardats à touts;
Dab moussu lou laquay sécrétéya bèts mouts;
Pusch dab lou coumandan, ataü béarnés debise;
Es Jaüna Capità, aqueste lou camise;
O diable se t'en porte, à qui panat à you.
En disen aquero, d'eüs aüts qu'em esléyou;
Que t'em biengou gaha p'eü bèt miey de la manche.
S'am dits lou coumandan : *Ta chemise est bien blanche,*
Elle est bien fine aussi; t'a-t-elle fort coûté?
Ça dic you, quoate francs aban nou l'am bouté.
Labets lou coumandan, la nègre qu'em demande;
Ça digou lou laquay, *elle est pleine de fiande,*
Sur un buisson au bois, je m'en vais la chercher
Ç'am dits lou coumandan, *il t'en coûtera cher!*
You yurabi toustem que n'èri pas coupable,
Aquiü hou laquay, tournat en l'air deü diable,
En pourtan ma camise, pénude en û baylacq,

Mais jamais je ne mis chemise qui m'est tant coûté ;
Car le lendemain fut pour moi le malheur,
Que de cette chemise on cherchât le voleur.
Avec un bâtard de laquais arrive une basquaise
Qui blanchissait quelque capitaine de l'armée,
Apportant un billet à notre commandant ;
Aussitôt de sa part les sergents nous mandèrent
Que devant son logis nous nous trouvassions sur l'heure ;
Aussitôt que nous fûmes là, mon porc sortit dehors,
Avec la gueuse de basquaise et monsieur le laquais,
Et il leur dit : regardez ! cela ne me fit pas plaisir.
Ma basquaise cherche donc étonnée comme si elle était seule,
Jargonnant toujours sa *hourrigue, hourrague;*
Et puis quand ils nous eurent bien regardé à tous,
Avec monsieur le laquais, elle chuchotta quelques mots ;
Puis avec le commandant, ainsi elle devise :
Es Jauna capità, celui-ci a la chemise ;
Que le diable t'emporte, tu me l'as volée à moi.
En disant cela, elle me fait sortir des rangs
Et elle vint me prendre par le milieu de la manche ;
Le commandant me dit : *ta chemise est bien blanche,*
Elle est bien fine aussi ; t'a-t-elle fort coûté ?
Je répondis : quatre francs avant que je ne la mis.
Alors le commandant me demande la sale ;
Le laquais répondit : *elle est pleine de fiante,*
Sur un buisson au bois, je m'en vais la chercher.
Le commandant me dit : *il t'en coûtera cher !*
Je protestais toujours que je n'étais pas coupable ;
Voilà que le laquais fut de retour *en l'air du diable,*
Portant ma chemise suspendue au bout d'un bâton ;

Touts lous sourdats lheban d'arride lou patacq,
Quoan ma camise bin au laquay, ta beroye;
Lou couqui de seryan crida labets dab yoye:
Hier, quand le mourrion à ce bougre donnions,
Aux chausses se le fit, c'est ce que nous sentions.
Détire lou seryan, la camise qu'em tire;
Lou laquay, sus lou cap, l'aüte em yette détire,
Et dessus lou bèt mus, tà plà bé t'em escat,
Que you bé demourey bèt chiquet tout mascat;
You pensey que de ploum, m'oussen boutat la cape.
Moun couqui de seryan per darré t'em attrape
Et qu'em hé dà dûs tours coum bèt tarratata;
Ma camise dab trucs, après t'em hé bouta.
Pusch que t'em estremen lou mousquet et l'espade,
Et que t'em coundamnan à d'abé l'estrapade;
Aü soum de bère bruque t'em ban apitera.
Après touts lous sourdats den ourdy d'apera.
Détire lou tabard, per hens lou camp que truque.
Pusch biengoun lous souldats, rangeats près de la bruque.
Eths m'espiaben aü soum, coum si houssy û busoc.
You credi s'im abèn boutat en aquet loc,
Per lous ahoua d'aquiü lous courbachs de la guerre;
Quoan deü soum, tout d'û cop, m'en embian entà terre;
You hy per lou camy cent biroulets y tours,
Pusch que t'em baü trouba penut coum soun lous tours
Dehens lous pacheras, aüs làs de las sédades.
Las yointures deüs os, you qu'abouy desnoudades,
Tabé je t'em léchan quoan bin qu'en abi prou;
Car de bèt tems despuch, nou hey arré de bou,
Et que nou poudouy pas, de mey de quoate lues,

Tous les soldats partirent d'un grand éclat de rire
Quand ils virent ma chemise, au laquais, si gentille,
Mon coquin de sergent crie alors avec joie :
Hier quand le morion à ce bougre donnions,
Aux chausses se le fit, c'est ce que nous sentions.
Aussitôt le sergent m'enlève la chemise,
Le laquais, sur la tête, me jette l'autre aussitôt,
Et sur le beau museau il m'attrape si bien,
Que j'en demeurai un grand moment tout masqué ;
Je pensais qu'il m'eût mis la chape de plomb.
Mon coquin de sergent m'attrape par derrière
Et me fit faire deux tours comme un *taratata*,
Ma chemise avec des coups, ensuite me fit mettre,
Puis on m'enleva le mousquet et l'épée
Et on me condamna à recevoir l'estrapade.
On me hissa au haut d'une pièce de bois,
Après on donna ordre d'assembler les soldats ;
Aussitôt le tambour bat dans le camp,
Puis vinrent les soldats rangés au tour de la pièce de bois ;
Ils me regardaient là haut comme un oiseau de proie ;
Je crus qu'on m'avait mis dans ce lieu
Pour effaroucher les corbeaux de la guerre,
Quand d'en haut tout à coup on me lâcha à terre,
Je fis par le chemin cent tours et cabrioles,
Puis je me trouvai suspendu comme le sont les grives
Aux lacets dans les échalassières,
J'en eus les jointures des os dénouées.
Aussi, ils me laissèrent quand ils virent que j'en avais assez ;
Car de long temps depuis, je ne pus me mouvoir,
Et ne pus pas de plus de quatre lunes,

Péchem soul dab las màs, oucüs, poutatye, ni prues ;
Moussu, dounc à la guerre aqnére m'apary :
Aü cap de tems et tems, enfin you que gouary ;
D'aütes ne seren mourts de doulous y de hounte.

MAÎTRE D'ARMES.

Je vois que tu t'es bien acquitté de ton conte,
Tu mérites d'avoir pour boire le pinton,
Tu l'auras ; mais il faut plutôt, sur le plastron,
Ainsi que tu l'entends, me tirer quatre bottes.

BAYLET.

You nou bey pas qu'ayat que caüsses et culottes ;
Quin pé pouyri you dounc, quoate bottes tira ?
Et quin las pé pouyret en û cop ahira ?
Nou caleré, moussu, qu'abousset quoate cames,
Ou que las carreyet coum las caüsses d'estames,
Las ûes sus las aüts, en cade pè dûs pàs.

MAÎTRE D'ARMES.

Eh ! quoi donc ? Un soldat comme toi ne sait pas
Encore ce que c'est que porter une botte ?

BAYLET.

U sourdat tout yamey, à bèt à pè que trotte,
Et de bottes pourta, nou sab qu'ey û sourdat ;
Aquo, coum bous sabet, aüs cabaliès qu'ey dat.

Me paître seul avec les mains œufs, potage ni prunes.
Monsieur, donc, à la guerre telle chose m'advint ;
Au bout de fort long-temps enfin je guéris,
D'autres en seraient morts de douleur et de honte.

MAÎTRE D'ARMES.

Je vois que tu t'es bien acquitté, etc.

LE VALET.

Je ne vois pas que vous ayez que chausses et culottes,
Comment pourrai-je donc vous tirer quatre bottes,
Et comment pourriez-vous les chausser à la fois ?
Ne faudrait-il pas, monsieur, que vous eussiez quatre jambes ?
Ou que vous les portassiez comme les chausses de laine
Les unes sur les autres, à chaque pied deux paires.

MAÎTRE D'ARMES.

Eh ! quoi donc, etc.

LE VALET.

Un soldat trotte toujours à pied,
Et de porter des bottes il ne sait ce que c'est ;
Cela, comme vous le savez, n'est donné qu'aux cavaliers.

MAÎTRE D'ARMES.

Si tu ne le sais pas, je m'en vais te l'apprendre.
A ça donc, camarade, il faut ce fleuret prendre ;
Tiens, et pour te bien battre, il faut t'imaginer
Que quelque ennemi vient te faire dégaîner.

BAYLET.

Bailhat, et you b'y baü, te, te, patim, pateine,
Quin boulet desguaina, quoan aço n'a pas guaine ;
Aqueste arme nou baü sinou qu'en tà ha poü.

MAÎTRE D'ARMES.

Eh quoi ! Pense-tu donc que ce fut un fourreau ?
Ne vois-tu pas donc bien, que ce n'est que la lame ?

BAYLET.

Bé crey qu'em coustaré d'abraca quaüque arrame ?
Quine espade ey aço, chens punte ni tailhan ?
Paüc ey coum la qu'im den quoan sourdat m'abilhan ?

MAÎTRE D'ARMES.

Sans perdre plus de temps, montre-moi donc asture,
Comment, pour faire assaut, tu te mets en posture ?

MAÎTRE D'ARMES.

Si tu ne le sais pas, etc.

LE VALET.

Donnez, donnez, tiens, tiens, patin, pataine!
Comment voulez-vous dégaîner, ceci n'a pas de gaîne;
Cette arme ne vaut rien que pour effrayer.

MAÎTRE D'ARMES.

Eh quoi!......

LE VALET.

Qu'il me faudrait du temps pour couper quelques branches!
Quelle épée est ceci, sans pointe ni tranchant?
Elle n'est point comme celle qu'on me donna quand on m'habilla
soldat.

MAÎTRE D'ARMES.

Sans perdre plus de temps, etc.

BAYLET.

Et coum ? Qué caü hà saüts ? Aquet es gnaüte pun.
Et caü douncques saüta de course ou de pè yun ?
You gatyi de saüta mey de quatourze soles !

MAÎTRE D'ARMES.

Toutes tes réflexions semblent tout à fait droles.
Faire assaut, mon ami, n'est pas du pied sauter,
Mais c'est sur l'ennemi quelque botte tirer ;
Et porter une botte, est tirer l'estocade.

BAYLET.

Aquo boü dise dounc, hà coum hen dab l'espade.
Léchat-mé dounc tira tout prumé, lous esclops ,
Entà que pousqui mieilhe arrounsap de bous cops.

MAÎTRE D'ARMES.

Te voilà plus léger ; ça, mon ami, regarde ;
Il faut que comme moi, tu te mettes en garde.

BAYLET.

Ya m'y sey meté ya ; n'ou boulet dise ataü ?

LE VALET.

Comment, il faut faire des sauts ? ceci est autre chose ;
Faut-il prendre la course ou sauter de pieds joints ?
Je gage que je saute plus de quatorze semelles.

MAÎTRE D'ARMES.

Toutes tes réflexions, etc.

LE VALET.

Cela veut dire donc faire comme à l'épée,
Laissez-moi donc ôter avant tout les sabots,
Afin que je puisse mieux vous lancer de bons coups.

MAÎTRE D'ARMES.

Te voilà plus léger, etc.

LE VALET.

La, la, je sais me placer, ne voulez-vous dire ainsi ?

MAÎTRE D'ARMES.

Tends plus ces bras ! Fends-toi !.....

BAYLET.

Boulet que nou'm het maü.

MAÎTRE D'ARMES.

Tourne en dehors ce pied, tourne-le plus encore !

BAYLET.

Abet bist si l'esclop abi mey leü dehore,
Quin m'a léchat, lou croc bien cadé tout eschuc ;
You'm bouty lous esclops, s'im tournat dà nad truc !

MAÎTRE D'ARMES.

Ah ça, te voilà bien maintenant en posture !
Ecoute, pour porter une botte en mesure,
Sans doute tu sais bien comment cela se fait ?
Comme la botte droite.....

BAYLET.

O ! qu'at sçey ya, dehèt.

MAÎTRE D'ARMES.

Fais-le donc promptement, vîte la botte droite !
(Le Valet se tourne à droite).

MAÎTRE D'ARMES.

Tends plus ce bras ! fends-toi !

LE VALET.

Voulez-vous bien ne pas me faire du mal.

MAÎTRE D'ARMES.

Tourne en dehors ce pied, etc.

LE VALET.

Avez-vous vu, je n'ai pas eu mon sabot plutôt dehors
Qu'il ne m'ait laissé le croc dessus tombé tout raide ?
Je remets mes sabots si vous me redonnez aucun coup.

MAÎTRE D'ARMES.

A ça, etc.

LE VALET.

Oh ! je sais ça très-bien.

MAÎTRE D'ARMES.

Fais-le donc promptement, vîte la botte droite !....
(Le Valet tourne à droite).

BAYLET.

E dounc, nad ey plà heyt?......

MAÎTRE D'ARMES

Ma foi tu l'as bien faite.
Tu connais, je le vois, la leçon du mousquet.
Mais ce n'est pas ainsi que l'on fait du fleuret.
Il fallait autrement la botte droite faire.

BAYLET.

Aüt'habile coum bous, nouste Capitaà qu'ère,
Més ataü ta la drette eth nous hasé bira,
Et dret entaü Pounlong, dab lou mousquet tira.
Eth diré qu'ey plà hèyt; you boulery qu'at bisse.

MAÎTRE D'ARMES.

Ce n'est pas du mousquet que l'on fait l'exercice.
C'est bien une autre affaire avec cette leçon.
En garde mets-toi donc de la même façon.
Je m'en vais te montrer à porter une botte;
Par divertissement il faut que je le frotte.

BAYLET.

Caü qu'ataü you m'aloguy?......

LE VALET.

Eh bien ! n'ai-je pas bien fait ?

MAÎTRE D'ARMES.

Ma foi, tu l'as bien faite, etc.

LE VALET.

Notre capitaine était tout aussi habile que vous
Et c'est ainsi qu'à droite il nous faisait tourner,
Et droit vers le Pontlong, avec le mousquet tirer.
Il dirait que j'ai bien fait, je voudrais qu'il le visse.

MAÎTRE D'ARMES.

Ce n'est pas du mousquet, etc.

LE VALET.

Faut-il que je me place ainsi ?

MAÎTRE D'ARMES.

      Oui, te voilà fort bien !
Prends garde comme quoi j'ai la brette à la main.
Comme quoi l'on recule, et comme l'on avance,
Pour attaquer son homme et se mettre en défense !
Et l'état dans lequel on doit se présenter ;
Mais prends garde à ce coup que je vais te porter,
Hèp, hèp, hèp, c'est ainsi qu'on fait dedans nos salles.

BAYLET.

P'eü cap de taü, bergam ! et coum, que hès de malles?
You n'oussi pas crédut qu'em gouardesses aquet :
Aü diable qu'anès-tu, dab toun tros de flouret.
Demourem aquiü drin, et yout' daü crouts de paille
Si you n'out baü bèt-leü hà cambia de bataille.

MAÎTRE D'ARMES.

Le drôle contre moi se retire piqué ;
Mais aussi pour son compte il l'a bien appliqué.

PAYSAA.

Mousseigne, si bous plats, bous la prenet trop horte :
Et crédet, dap moun hilh, escrima de la sorte ?
La fé dab aquets trucs bons l'oum alébaret.

MAÎTRE D'ARMES.

Oui te voilà fort bien ! etc.

LE VALET.

Tête de bœuf ! gredin ! comment tu fais pour tout de bon ;
Je n'aurai pas cru que tu me gardais celle-là ?
Va t'en au diable avec ton fleuret ;
Attends-moi là un peu et je te donne croix de paille,
Si je ne te fais bientôt changer de bataille.

MAÎTRE D'ARMES.

Le drôle contre moi, etc.

LE PAYSAN.

Monsieur, s'il vous plaît, vous y allez un peu trop fort ;
Croyez-vous avec mon fils escrimer de la sorte ?
Ma foi, avec ces coups vous l'estropieriez.

LOU HILH.

Certes, pay, you nou bouy manéya nad flouret;
Boulet, coum à Guilhem, qu'em biresse de pille?

MAÎTRE D'ARMES.

Comme ce compagnon voulait faire l'habile,
J'ai voulu le frotter par divertissement;
Mais avec vous, j'en dois user tout autrement.

LOU HILH.

Eü preni, pay?......

PAYSAA.

Pren-lou, hilh! que sapies à la coiente,
Coum ed truca la yen, si quaüqu'û te tourmente.

MAÎTRE D'ARMES.

Pour tenir le fleuret, il faudrait un gand.
(Le Valet arrive avec la Maîtresse et la Servante)

BAYLET.

Bédet, daüne, bédet acet qu'ey lou bergam,
Qui de truquas la hemne exhorte touts lous mestes,
Et per daüs plà patacq, amuche mille yestes.

LE FILS.

Certes, père, je ne veux manier nul fleuret ;
Voulez-vous que comme à Guilhem, il me jette par terre ?

MAÎTRE D'ARMES.

Comme ce compagnon, etc.

LE FILS.

Le prends-je, père ?

LE PAYSAN.

Prends-le, mon fils ! que tu saches au besoin
Comme lui battre les gens si quelqu'un te tourmente.

MAÎTRE D'ARMES.

Pour tenir un fleuret il vous faudrait un gant.
(Le Valet arrive avec la Maîtresse et la Servante).

LE VALET.

Voyez-vous, maîtresse, voyez-vous ce gredin ?
Qui de battre les femmes exhorte les maris,
Et pour leur donner des coups leur montre mille gestes.

LA DAÜNE.

Ey aqueste, Guilhem?......

BAYLET.

O......

LA DAÜNE.

Digues, faüs traydou?
Tu que dits aü marit que caü que m'en y dou.
P'eü cap, tros de bergam! si de daban n'out ostes,
Quoate t'en lécharey cade capbat las costes.

MAÎTRE D'ARMES.

Je pense que de moi vous voulez vous moquer?

LA DAÜNE.

B'at beyras-tu dilheü, tros de guilhem-pesquer,
Loungue meüsse! fouyrous.......

MAÎTRE D'ARMES.

L'impertinente femme!

BAYLET.

P'eü cap! b'ey gran talen d'abracaü quaüque camme,
Et nou sçey ço qu'im tien, que sus lou cap nou douy
De la bigou deu bras, û gran cop de bédouy.

LA MAÎTRESSE.

Est-ce celui-ci, Guilhem?

LE VALET.

Oui.......

LA MAÎTRESSE.

Dis, faux traître?
Tu dis à mon mari qu'il faut qu'il me batte?
Par la tête! vaurien, si tu ne sors de devant moi,
Je vais t'en laisser tomber quatre le long des côtes.

MAÎTRE D'ARMES.

Je pense que de moi vous voulez vous moquer?

LA MAÎTRESSE.

Tu le verras peut-être, grand échassier,
Longue râte, foireux......

MAÎTRE D'ARMES.

L'impertinente femme!

LE VALET.

Par la tête! j'ai grande envie de lui racourcir quelque jambe,
Et je ne sais qui me tient que je lui donne sur la tête,
De la force du bras un grand coup de haut-volant.

LA GOUYE.

Dat-lou, daüne, coum you; be serem plà couquies
Si noü ne dabem quoate à trubès las esquies.
(Elle lui donne un grand coup).

MAÎTRE D'ARMES.

Comment, morbleu ! catins......

LA DAÜNE.

Que dis, couqui ! chareü !

BAYLET.

S'ib toque, aü cap de taü ! be m'en harèy bourreü.

MAÎTRE D'ARMES.

Je vous crible de coups, ou la peste m'abîme !

PAYSAA.

Défendet-pé, moussu, bous ed meste d'escrime,
Youb lèchy en bounes màs......

MAÎTRE D'ARMES.

J'ai mes habits gâtés.

LA SERVANTE.

Frappez, maîtresse! comme moi, nous serions bien bonnes
Si nous ne lui en donnions pas quatre à travers l'échine.
(Elle lui donne un grand coup).

MAÎTRE D'ARMES.

Comment, morbleu! catins......

LA MAÎTRESSE.

Que dis-tu? coquin! canaille!

LE VALET.

S'il vous touche, sur ma tête! je m'en fais bourreau.

MAÎTRE D'ARMES.

Je vous crible de coups, ou la peste m'abîme!

LE PAYSAN.

Défendez-vous, monsieur, vous êtes maître d'escrime,
Je vous laisse en bonnes mains......

MAÎTRE D'ARMES.

J'ai mes habits gâtés.

BAYLET.

Crédès hà coum tantos, quoan dab you te battès.

MAÎTRE D'ARMES,

Allez-vous-en au diable!......

BAYLET.

Tan qu'ey boune la lue,
Daban que séparans, be quaü que t'en douy ûe.
(*Il lui donne un grand coup*).

MAÎTRE D'ARMES.

Ah..........

BAYLET.

Bèn, apleguet are, et gouarde aquet paquet.
(*Il s'en va*).

LA DAÜNE.

Paücq pensabe, you crey, tastan d'aquet brouquet?
Nou s'at pensabe pas, you crey, de bère paüse.
Anem-nous à l'oustaü, lècheü tourna si gaüse.

LE VALET.

Crois-tu faire comme tantôt, quand tu te battais avec moi ?

MAÎTRE D'ARMES.

Allez-vous-en au diable !......

LE VALET.

Tant que la lune est bonne,
Avant que de nous séparer, il faut que je t'en donne une.
(Il lui donne un grand coup).

MAÎTRE D'ARMES.

Ah !......

LE VALET.

Va, retire-toi maintenant, et garde ce paquet.
(Il s'en va).

LA SERVANTE.

Il pensait peu, je crois, en tâter de ce fausset,
Il n'y pensait pas, il en était bien loin.
Retirons-nous à la maison, laisse-le revenir s'il l'ose.

TABLE.

	Pages.
Avant-Propos	v
Capère de Betharram. (V. Bataille)	2
Infance d'Henric IV. (E. Vignancour)	12
— Traduite en vers Français. (Cabaret-Dupaty)	13
Cant Béarnés à la glori de Pierre-Paul Riquet. (V. Bataille)	26
La Casse deü Rey Artus. (Alexis Peyret)	38
Houmatye aüs d'Aüssaü, sus lous truquetaüllès de la Ballée. (Th. Bordeu)	52
Lou Catounet. — Sentences	60
Las Abentures de Bertoumiü. — Counte. (E. Picot)	72
A Théophile Bordeu. — Stences. (Bitaubé)	96
Epitre à Théophile Bordeu. (Suderbie-Cazalet)	100
A Pourette. (Hatoulet)	102
Bente-Saingris. (E. Vignancour)	106
Sounet. (Gassion)	108
Sounet. (Gassion)	110
Sounet. (J.-H. Maurice)	112
Lou Paysàa d'Aüssaü. (E. Picot)	114
Imitation d'üe Idille de Bion. (Hatoulet)	116
Ode à Bénus. (Casaus)	118
A las difficiles. (Perrin)	120
La Cigale et l'Arroumigue. (Hourcastrémé)	122
Paris et las Mountagnos. — Stences. (Destrade)	126
Lou Courbach et lou Renàrd. (Hourcastrémé)	130
La darrère bictime de l'amou. (Lamolère)	134
Stences. (N***)	136

Margalidet. (HATOULET)	138
Inscriptiou tà la Maysouette oùn Henric hou neürit. (E. VIGNANCOUR). . .	142
Mout d'Henric IV. (E. PICOT).	144
Inscriptiou entà la Statue d'Henric IV. (E. VIGNANCOUR).	146
Inscriptiou, quis leyè au bach de la Statue pédestre dé Louis XIV, à la place Rouyale dé Paü.	148
Epigramme. (E. VIGNANCOUR.)	150
Epitaphe dü Médeci	152
Lou Paysàa de Saübole. (E. PICOT)	154
Lou Méchan Barbé. (E. VIGNANCOUR)	156
Lou Mati. — Idylle. (A. JULIEN).	158
Lou Youen homi et lou bieillard. — Fable.	164
La mourt de Roland. (V. BATAILLE)	166
*La Captivitat de François I*er.	176
Las tres Couloumbes de Caütérès.	180
Couroune poétique entà l'inauguratiou deü Monument dé Despourrins. (JASMIN).	182
A Despourrins. (NAVARROT).	188
Lou Bieilh Oülourou. (NAVARROT).	196
Lou Pastou malhurous. (HATOULET)	198
Lous dus Hazàas. — Fable. (HATOULET)	202
Lou Pastou timide. — Idylle. (E. PICOT).	206
Rébé dé l'abbè Puydo (Extrait).	212
La brume de las biths. (E. VIGNANCOUR).	216
Arrépouès. (Proverbes Béarnais et dictons populaires), avec la traduction, recueillis par E. Vignancour.	225
La Pastourale deü Paysàa, qui cerque mestiè à soun Hilh, chens ne trouba nat à soun grat. (FONDEVILLE, de Lescar).	261

PAU, IMPRIMERIE DE É. VIGNANCOUR.

www.ingramcontent.com/pod-product-compliance
Lightning Source LLC
Chambersburg PA
CBHW050423170426
43201CB00008B/522